Marion Hofer / Dietmar Hofer

Stadtführer für Hunde
FRED&OTTO

Unterwegs in Zürich
und Umgebung

Marion Hofer / Dietmar Hofer

Stadtführer für Hunde

FRED & OTTO

Unterwegs in Zürich
und Umgebung

Impressum

Bibliografische Informationen der Deutschen Nationalbibliothek
Die Deutsche Nationalbibliothek verzeichnet diese Publikation in der Deutschen Nationalbibliografie; detaillierte bibliografische Daten sind im Internet über http://dnb.d-nb.de abrufbar.

ISBN: 978-3-95693-020-1

Grafisches Gesamtkonzept, Titelgestaltung, Satz und Layout: Stefan Berndt – www.fototypo.de

© Copyright: FRED & OTTO
– der Hundeverlag / 2015
www.fredundotto.de

Alle Rechte, auch die des Nachdrucks von Auszügen, der fotomechanischen und digitalen Wiedergabe und der Übersetzung, vorbehalten.

Illustration: Leandro Alzate
(www.leandroalzate.com)

Abbildungsnachweis

Alle Bilder Marion und Dietmar Hofer ausser:

Dennis C. Turner (private Aufnahme): S. 25; Petit Compagnon – Sonja Rieser: S. 17, 163; Stiftung TierRettungsDienst S. 33, 34, 35; Susy Utzinger Stiftung für Tierschutz: S. 37, 39; Gina & Fritz Gmbh, S. 45; Adrian Hess, S. 47, 48, 49; Aileen Aurnhammer, S. 51, 52, 53; WHO LET THE DOGS OUT? - Martina Mädler, S. 67, 89; NPC Hundesport Zürich – Barbara Eglin, S. 74; Alexander Schug, S. 75; Beatrice Hess, Foto & Design, Winterthur, www.beatricehess.com, S. 87; Roger Knecht, S. 91, 96; Werner Amann, S. 93, 94, 95; Martina Krotthammer, S. 98; Kantonspolizei Zürich, S. 105, 106; Verein Assistenzhundezentrum Schweiz, S. 111; SWS Sozialwerke Pfarrer Sieber, S. 120; Saasha Photographie, S. 143, 144; Vetsuisse-Fakultät Zürich, S. 146, 147; Sanyata AG, S. 154; Samuels Photography, S. 165, 166, 167; Nicole Hollenstein, S. 171; Vicos Welt – Helene und André Gerber, S. 177, 187; Agovino Carmelo Fotografie, S. 182, 183, 184, 185

Finde uns auf Facebook unter www.facebook.com/fredundotto

Inhalt

Vorwort	8
Schnelleinstieg in die Hundewelt	10

Stadt und Hund — 12

Züchter, Tierheim & Co. — 22
- Wie Hunde uns helfen — 24
- Zwischen den Stühlen — 28
- Rund um die Uhr im Einsatz — 32
- Wenn Tierheime Hilfe brauchen — 36

Futter & Philosophie — 42
- Zum Fressen gern — 44
- „Mr. Barf" für Hunde — 46
- Wo Fellnasen geliebt werden — 50
- Wir haben auch Diätfutter … — 54

Sitz & Platz — 60
- Genau den richtigen Riecher — 62
- Fingerspitzengefühl — 66
- Belohnen Sie noch oder bestärken Sie schon? — 68
- Mehr als nur Tricks — 70
- Vom Pudelclub zum Hundesportverein — 73

Gassi & Co. / Reise & Verkehr — 78
Im Rudel leben — 80
Für Hundeschnauzen gemacht — 83
Das grosse Geschäft in der Tasche — 86
Abwechslungsreiche Wander- und Spaziertouren — 88

Gesetz & Ordnung/Politik & Soziales — 102
Nyra und das liebe Geld — 104
Hör mal, wer da bellt — 107
Einsatz auf vier Pfoten — 110
Stillä stah, stillä sii, Händ abe, weg luegä — 113
Den Käfern auf der Spur — 116
Über den Hund zum Menschen — 119

Versicherung & Schutz — 124
Tierisch gut versichert — 126
Wie laut darf Bello bellen? — 130
Im Dschungel von Recht und Gesetz — 133

Gesundheit & Wellness — 138
Mit Haut und Haaren — 140
Schmerz lass nach — 143
Mit Strahlenenergie gegen den Tumor — 145
Damit die Felle nicht davonschwimmen — 149
Hunde sind auch nur Menschen — 153
„Hund & Herrchen" – die erste Naturkosmetik für Hunde — 156

Shopping & Lifestyle/Leben & Arbeiten 160

Dog Couture für kosmopolitische Stadthunde	162
Immer im Trend	164
Eleganz für kleine Hunde	168
Momente, die verzaubern	170
Vicos Welt ist lustig und bunt	176
Nicht-Alltägliches	178
Der mit dem Wolf heult	180
Bolle weiss, was Hunde mögen	182
Mittendrin statt nur dabei	186
Verwertung statt Verschwendung	188

Gott & die Hundewelt/Trauer & Tod 192

Der richtige Platz	194
Die Regenbogen-Brücke	199
Auch im Tod vereint	199

Infos & Adressen 200

VORWORT

Was gibt es Schöneres, als einen oder mehrere treue vierbeinige Begleiter an seiner Seite zu haben. Schliesslich existiert die Beziehung zwischen Mensch und Hund bereits seit vielen tausend Jahren. Aber noch nie standen uns die wuscheligen Fellnasen so nahe wie im 21. Jahrhundert. Hunde sind in unseren Kulturkreisen zu echten Familienmitgliedern geworden, für die das Beste gerade gut genug ist. Schon der Schriftsteller Sir Arthur Conan Doyle wusste, dass niemand besser als ein Hund die Familie widerspiegelt.

Für achtsame Hundebesitzer ist es selbstverständlich, sein Tier ins tägliche Leben zu integrieren und ihm jene Zuneigung und Aufmerksamkeit zu geben, die es braucht. Hunde wollen aber auch Abenteuer erleben, mit Artgenossen zusammen sein oder ganz einfach mal mit Frauchen oder Herrchen kuscheln. Letzteres ist ja in den eigenen vier Wänden gut möglich, aber wenn es an die frische Luft geht, ist es für das andere Ende der Leine oft gar nicht so einfach, im riesigen Angebotsdschungel den Durchblick zu behalten. Hinzu kommt noch, dass es bei der herrschenden Gesetzesflut, die für Hundehalter gilt, schnell passieren kann, mit den Paragrafen in Konflikt zu geraten. Der Kantönligeist der Schweiz ist da beispielgebend. Oder haben Sie gewusst, dass es in der Eidgenossenschaft fast in jedem Kanton andere Vorschriften gibt, was die Hundehaltung betrifft? Was in Zürich verboten ist, kann im Nachbarkanton erlaubt sein. Wir haben mit Experten gesprochen und gefragt, worauf es zu achten gilt.

FRED & OTTO – dahinter steckt ein junger Verlag, der sich auf Stadt- und Wanderführer für Hundebesitzer spezialisiert hat – sie machten sich nun erstmals in der Schweiz auf den Weg, um die Metropolregion rund um Zürich genau zu erkunden. Wobei FRED & OTTO in unserem Fall Julius und Emma heissen. Julius, der schwarze, abenteuerlustige und actionsüchtige Mops, und Emma, die graue, zurückhaltende und schüchterne Zwergschnauzer-Dame, sind der Gegensatz schlechthin. Vielleicht ist ja das der Grund, warum die beiden ein Herz und eine Seele sind. Ähnliche Kontraste lernten wir auch bei

Dietmar Hofer mit Julius   Marion Hofer mit Emma

unseren monatelangen Recherchen im Herzen der Schweiz kennen. Im urbanen Grossraum von Zürich – mit dem mondänen Limmatquai und der berühmten Goldküste als Mittelpunkt – entdeckten wir adrett gestaltete Hundeshops, Caféhäuser, Restaurants, Beizen und jede Menge Geschäfte, in denen die Vierbeiner willkommen sind. Ja, sogar eine Vegi-Metzgerei gibt es in Zürich, in der Hunde mit fleischfreien Leckerlis verwöhnt werden. Obwohl Julius, der Feinspitz, an einem Zürcher Geschnetzeltem wohl eher Gefallen finden würde.

Damit der kleine Wirbelwind in seinem geliebten Grossstadtreich dann mal nicht zu frech wird, geht es ratzfatz hinaus ins Grüne. Sehr zur Freude von Emma, der kleinen Landpomeranze. Rund um den Zürichsee warten zum Beispiel zahlreiche Wanderwege darauf, mit der Hundeschnauze entdeckt zu werden. Na, neugierig geworden, was die (Hunde-)Welt in Zürich und Umgebung alles zu bieten hat? Schnüffeln Sie doch gleich los in den einzelnen Kapiteln von FRED & OTTO und lernen Sie die Schweiz von einer Seite kennen, die für Zwei- und Vierbeiner charmant, einladend und gleichermassen skurril ist.

Schnelleinstieg in die Zürcher Hundewelt

Anzahl der Hunde

Im Kanton Zürich: etwa 50.000 Hunde
In der Stadt Zürich: 7.000 Hunde.

Höhe der Hundesteuer

Die Steuern betragen pro Hund 180 Franken und bescheren der Stadt rund eine Million Franken Einnahmen pro Jahr. Dieses Geld wird eingesetzt für den Unterhalt von circa 400 Robidogs und zusätzlich 400 Abfallbehältern. 30 von diesen 180 Franken gibt Zürich zudem an den Kanton ab.

Sachkundenachweis

Wer noch nie einen Hund hatte, muss vor dem Kauf eines Hundes einen Theoriekurs (Sachkundenachweis SKN) besuchen. In dem mindestens vierstündigen Kurs wird vermittelt, welche Bedürfnisse ein Hund hat, wie man mit ihm richtig umgeht und wieviel Zeit und Geld investiert werden müssen. Ist der Hund eingezogen, folgt das praktische Training, das im ersten Jahr zu absolvieren ist. In nochmals mindestens vier Stunden wird vermittelt, welche Bedürfnisse ein Hund hat und wie verschiedene Alltagssituationen bewältigt werden können. Wird das Tier später über 16 Kilo (Rassenliste I) schwer werden, muss zusätzlich im Alter von acht bis 16 Wochen ein Welpenkurs und bis der Hund 18 Monate alt ist, ein Junghundekurs absolviert werden.

Haftpflichtversicherung

Für alle Hunde unabhängig von Rasse und Größe muss eine Haftpflichtversicherung mit einer Deckung von mindestens einer Million Franken abgeschlossen werden.

Zentrale Datenbank ANIS

Alle Hunde in der Schweiz müssen bei der Heimtierdatenbank ANIS registriert sein. Welpen müssen spätestens mit drei Monaten – aber in jedem Fall bevor sie ihren Geburtsort verlassen – in einer Tierarztpraxis mit einem Chip gekennzeichnet und bei ANIS registriert werden.

Rasseliste

Heute verfügt die Schweiz über 26 verschiedene kantonale – sowie zusätzlich unzählige kommunale – Hundegesetzgebungen, die sich teilweise stark voneinander unterscheiden. Im Kanton Zürich gibt es zwei Rassetypenlisten.

Rassetypenliste I
Dazu zählen grosse oder massige Hunde, die ein Stockmass von mindestens 45 cm aufweisen und über 16 kg wiegen.
Rassetypenliste II
Sie listet Hunde mit erhöhtem Gefährdungspotenzial wie American Staffordshire Terrier, Bull Terrier, Staffordshire Bull Terrier oder Pit Bull Terrier auf. Die Zucht und Haltung ist verboten. Bestehende Haltungen sind bewilligungspflichtig.

Tierschutz

Um auf Notfälle im Tierschutz schnell reagieren zu können, betreibt das Veterinäramt (VETA) im Kanton Zürich einen 24-Stunden-Dienst. (Tel.: 043-2594141, www.veta.zh.ch/internet/gesundheitsdirektion/veta/de/home.html)

Meldestelle für Findeltiere des Kantons Zürich

Tel.: 0848-848244
Web: www.gefundene-tiere.ch

Vermissen Sie ein Tier?

Vermisstenmeldungen können mittels eines Online-Formulars, per Telefon oder Post in der Stiftung Tierwohl getätigt werden.
Stiftung Tierwohl
Zürichbergstrasse 263
8044 Zürich
Tel.: 043-5230423
Web: www.stiftung-tierwohl.ch
Die Tierdatenbank wird von mehr als 500 Tierheimen, Tierschutzvereinen, Tierarztpraxen, Polizeistationen und Privaten gefüttert und vermittelt erfolgreich zwischen Abgabe- und Aufnahmewilligen. Aktuell stehen etwa 600 Tiere auf der Heimatlosen-Liste.

Hundeverbot und Leinenpflicht

Das Mitführen oder Laufenlassen von Hunden ist verboten:
- auf Friedhöfen,
- in Badeanstalten,
- auf Pausenplätzen von Schulanlagen,
- auf Spiel- oder Sportfeldern.

Hunde sind an folgenden Orten an der Leine zu führen:
- in öffentlich zugänglichen Gebäuden,
- auf verkehrsreichen Strassen,
- in öffentlichen Verkehrsmitteln, an Bahnhöfen und an Haltestellen,
- an Orten, die von den zuständigen Behörden entsprechend signalisiert wurden.

Kleines Wörterbuch Schweizerisch-Deutsch

Büsi – Katze
Chindsgi – Kindergarten
Fangis – Fangspiele
Gstältli – Hunde-Brustgeschirr
Guetzli – Leckerli
Jänner – Januar
Natel – Mobiltelefon
Nötli – Geldschein
Stutz – Schweizer Franken
Velo – Fahrrad
Zustupf – finanzielle Unterstützung

Stadt & Hund

„Züri Hünd sind Fründ" – diesen Slogan der Stadt Zürich lassen sich Hundebesitzer ebenso gerne auf der Zunge zergehen wie die berühmte Schweizer Schokolade. Vom belebten Limmatquai und den versteckten Altstadt-Gässle über die mondäne Zürcher Goldküste bis hin zu Geheimtipps abseits des grossen Stadttrubels gibt es für Frauchen und Herrchen jede Menge zu entdecken. Herrliche Parks für einen kleinen Spaziergang in der Mittagspause, Shops mit exklusiven Hundeaccessoires für kleine und große Fellnasen, Buchhändler mit Guetzli unter der Kassentheke, eine Vegi-Metzg', in der es auch vegetarische und vegane Hundekekse gibt und Brunnen, jede Menge Brunnen. 1224 in der Zahl.

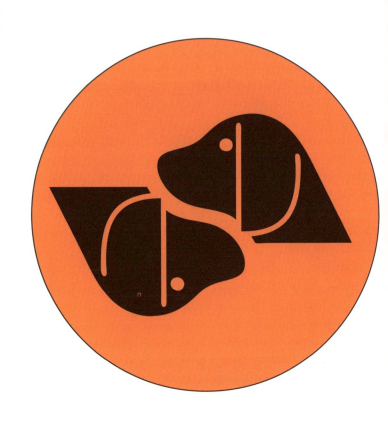

Züchter, Tierheim & Co.

Ein Hund mit Rasse oder doch lieber eine entzückende Promenadenmischung? In den Tierheimen warten jedenfalls zahlreiche liebevolle Unikate darauf, entdeckt zu werden. Vielleicht ist ja die Liebe auf den ersten Blick dabei, oder? Natürlich spricht auch nichts gegen einen Rassehund – vorausgesetzt man erwirbt ihn nicht als „Billigtischware", sondern von einem seriösen Züchter. Der Schweizer Hundeverband führt übrigens regelmässige Kontrollen durch. Egal, wofür man sich letztlich entscheidet, das wichtigste Argument ist, dass man den Ansprüchen seines vierbeinigen Lieblings gerecht wird. Denn dass ein Hund nicht nur Auslauf braucht, sondern auch genügend Beschäftigung, betonen die Experten, mit denen wir uns unterhalten haben.

Im Gespräch mit dem IEMT-Präsidenten Dennis C. Turner

Wie Hunde uns helfen

Das Zusammensein von Mensch und Tier wirkt sich positiv auf das Wohlbefinden aus. Eine Studie des IEMT, des Instituts für interdisziplinäre Erforschung der Mensch-Tier-Beziehung, bestätigt dies. Die Daten des Bundesamtes für Statistik zeigen auf, dass Halter von Hunden oder Katzen monatlich zehn bis zwanzig Franken weniger für Kopfwehtabletten und sonstiges ausgeben müssen als Nichttierhalter. Die positive Wirkung von Büsi, Hund und Co gilt für gestresste Erwachsene ebenso wie für Kinder. Aber auch für ältere, vielleicht einsame Menschen sind Haustiere wertvolle Freunde. Der Biologe Prof. Dennis C. Turner, Präsident des IEMT erzählt von den vielen Vorteilen, aber auch von den Gefahren einer in Hundehasser und Hundeliebhaber gespaltenen Gesellschaft.

Die Einstellung zu Tieren und speziell zu Hunden hat sich in den letzten Jahrzehnten stark gewandelt. Wo könnten die Gründe für diese Veränderung liegen und wie beurteilen Sie diesen Wandel in der Mensch-Tier-Beziehung?

Derzeit beobachte ich generell zwei Trends. Einerseits gibt es da die steigende Anerkennung für den Hund als sozialen Partner für den Menschen mit Vorteilen für beide Seiten der Beziehung. Andererseits ist aber auch eine zunehmende Polarisierung zwischen Hundefreunden und Hundegegnern spürbar. Letztere fühlen sich in ihrer Meinung bestätigt, wenn wieder Negativmeldungen über Hunde in den Medien lanciert werden. Meine Erfahrungen aus 25 Jahren zeigen, dass negative Schlagzeilen viel mehr Einklang finden als positive.

Trifft das speziell auf die Hundehaltung zu?

Generell bewegen sich die modernen Gesellschaften in Richtung „Null-Toleranz". Das macht auch vor den Hundebesitzern nicht halt. Es zählt nicht, dass die allermeisten Hundehalter verantwortungsbewusst sind. Sie bekommen keine Toleranz für ein gelegentliches Bellen, keine für ein paar Hundehaare im Wohnblock-Lift und schon gar nicht für einen Hund, der aus verständlichen Gründen einem

Professor Dennis C. Turner: „Die finanziellen Ausgaben für Gesundheitskosten in Haushalten mit einer Katze oder einem Hund sind tatsächlich niedriger"

Menschen droht. Da wird allzu sehr vergessen, dass der Hund seit über 60.000 Jahren unser treuer Begleiter ist und für nicht wenige Menschen vieles bedeutet.

In seinem Buch „Das Pitbullsyndrom" stellt der Basler Autor Stefan Burkhart eine Rechnung auf, nach der die Wahrscheinlichkeit, von einem Hund durch Bisse getötet zu werden, bei 0,13 Personen pro Jahr liegt. Tödliche Beißunfälle sind sicher äusserst tragische Ereignisse, noch mehr, wenn sie ein Kind betreffen, wie es zuletzt 2005 in der Schweiz passiert ist. Ich frage Sie jetzt mal dennoch ganz provokativ: Stirbt ein Mensch durch einen Hund, werden Rassen verboten und strengere Gesetze für Hundehalter erlassen. Doch niemand käme auf die Idee, Autos zu verbieten, obwohl alle 33 Stunden ein Mensch im Verkehr stirbt. Können Sie sich diese Reaktion erklären?

Natürlich ist ein ernsthafter Bissunfall oder sogar ein Todesfall durch einen Hund eine Tragödie und alles muss getan werden, um solche Vorfälle möglichst ganz zu vermeiden. Genau gleich lernt die Autoindustrie aus Unfällen, unsere Autos sicherer zu machen. Doch ein im Eiltempo beschlossenes Verbot von Hunden (die im Falle der Hunderassen-Listen die bekannten Fakten ignoriert) ist nicht die Lösung. Das ist genauso falsch, als würde man

Autos verbieten. Der eingeführte obligatorische Sachkundenachweis für Hundehalter war da schon eher ein Schritt in die richtige Richtung – wie seinerzeit auch der obligatorische Fahrausweis!

Der Mensch hält sich für die Krone der Schöpfung: Wir fliegen zum Mond, bauen Wolkenkratzer, bedienen uns hochkomplexer Werkzeuge, aber wir brauchen dennoch die Tiere, um überleben zu können. In Bezug auf Hunde denke ich an die tiergestützte Therapie, an Diabetikerwarnhunde, an Lawinensuchhunde u.v.m. Hat der Mensch überhaupt das Recht, sich über Tiere zu stellen? Wäre Achtung und Respekt vor jeglicher Form von Leben nicht das, was die intelligente Spezies Mensch eigentlich ausmachen sollte?

Achtung und Respekt für das, was die Tiere uns geben, sollte oberstes Gebot sein. Wenn man die für Mensch-Mensch-Beziehungen anerkannten Prinzipien der Sozialethik auf die Mensch-Tier-Beziehung anwendet, finde ich die Nutzung der Tiere unter diesen Bedingungen nicht problematisch. Das hat nichts mit dem Menschen als Krönung der Schöpfung zu tun. In meinen Kursen zu tiergestützter Therapie und Fördermassnahmen lehren ich und meine zwei Kurs-Co-Leiter, das Psychotherapeutenpaar E. und R. Frick Tanner aus St. Gallen, dass die Tiere ihre eigenen Bedürfnisse haben, die respektiert werden müssen, und dass die Tiere als „wertvolle Partner" in der Arbeit betrachtet und behandelt werden müssen. Sie dürfen auch keinen egoistischen Motiven untergeordnet werden.

Sie haben 1991 in Hirzel/ZH das wissenschaftliche Institut für angewandte Ethologie und Tierpsychologie gegründet. Das Verhalten von domestizierten Tieren, allen voran Katzen und Hunden, die Beziehungen zwischen Menschen und Tieren, und deren Konsequenzen für die Gesundheit und das Wohlbefinden beider Beziehungspartner (Mensch und Tier) sind Themen, welche die Arbeiten des Instituts prägen. Inwieweit kann die Mensch-Tier-Beziehung tatsächlich die Krankheitskosten reduzieren und wie muss die Beziehung dann aussehen?

Eine frühere IEMT-Untersuchung zeigte tatsächlich, dass die finanziellen Ausgaben für Gesundheitskosten in Haushalten mit einer Katze oder einem Hund niedriger sind. Die Kosten für die Tiere wurden dabei mitberücksichtigt. Inzwischen ergaben andere Studien in England, Australien, Deutschland und China ein ähnliches Bild. Die Vermutung liegt nahe, dass überall dort, wo das Tier als echter, wertvoller sozialer Partner respektiert und behandelt wird und seinen individuellen Bedürfnissen entsprechend gehalten wird, solche positiven Wirkungen erwartet werden können.

Ein deutsches Unternehmen bietet Leihhunde an, die an Senioren in Heimen „vermietet" werden. Sie stammen meist von Besitzern, die die Tiere aus verschiedensten Gründen nicht mehr halten können. Wie stehen Sie zu diesem Thema und können Sie die Kritik, die es dafür hagelt, verstehen?

Ein Hund kann tatsächlich die Lebensqualität von betagten Menschen steigern, sofern sie in der Lage sind, dem Hund alles zu bieten, was er für die art- und Individuums-gerechte Haltung benötigt. Doch es gibt andere Möglichkeiten, als einen Hund „zu vermieten" an solche älteren Menschen mit diesem Wunsch. „Vermietung" scheint mir wirklich den Hund als „ein Objekt" zu betrachten, eine Instrumentalisierung dieser Lebewesen, auch wenn die Motive, Senioren zu helfen, ehrenhaft sein könnten.

Werden Hunde mittlerweile zu sehr vermenschlicht?
Hunde und Menschen leben seit Jahrtausenden zusammen. Da gab es natürlich immer wieder evolutionsbedingte Anpassungen. Die Menschen lernten, das Verhalten der Hunde zu interpretieren, und die Hunde, menschlichen Körpersignale besser zu lesen. Für mich wird die Vermenschlichung dort problematisch, wo die „Würde des Hundes" verletzt wird – zum Beispiel, wenn dem Hund Sonnenbrillen aufgesetzt werden oder ihm „herzige" Kleider angezogen werden und so versucht wird, den Hund zum kleinen Menschen zu machen.

Was sind Ihre Visionen, was die Mensch-Tierbeziehung in Zukunft betrifft?

Dass alle Menschen, auch jene die kein Tier halten möchten, realisieren, dass Tiere wertvolle soziale Partner für viele Menschen sind, die positive Wirkungen auf ihren Halter haben können. Und dass alle Menschen, die Tiere halten, die Tatsache respektieren, dass nicht alle Menschen Tiere so schätzen wie sie. Also Toleranz auf beiden Seiten!

Prof. Dennis C. Turner
Seestrasse 254
8810 Horgen
Tel.: 044-7299227
Web: www.turner-iet.ch

IEMT Schweiz
Institut für Interdisziplinäre Erforschung der Mensch-Tier-Beziehung
Socinstrasse 57
4002 Basel
Web: www.iemt.ch

Im Gespräch mit dem Präsidenten des Zürcher Hundeverbandes

Zwischen den Stühlen

Die Hundegesetze im Zaum zu halten, ist eine der Aufgaben, die den Juristen Hans Graf beschäftigen. Der Präsident des Zürcher Hundeverbandes (zhv) hat sich zum Ziel gesetzt, das Verhältnis zwischen Bevölkerung, Behörden und Hundehaltern zu verbessern. Im Interview erzählt er von überbordenden Gesetzen, von gegenseitiger Rücksichtnahme und vom Wunsch nach mehr Toleranz in der Gesellschaft. Wir sprachen mit ihm über verschiedene Themen, die nicht nur Schweizer Hundehalter interessieren.

Was spricht für einen Mischling, was für einen Rassehund?

Wer sich für einen Rassehund entscheidet, schätzt die grosse Sicherheit über die speziellen Wesensmerkmale des jeweiligen Tieres. Der Hund wurde ja auf spezielle Eigenschaften gezüchtet. Man kennt den Charakter und weiss über seine Stärken und Schwächen Bescheid. Bei Mischlingen sind solche Wesenszüge normalerweise weit weniger stark ausgeprägt. Das heisst aber nicht, dass Mischlinge keinen Charme haben.

Welche Überlegungen sollten getroffen werden, bevor ein Hund ins Haus kommt? Oder anders gefragt: Welcher Hund passt zu wem?

Wer die Absicht hat, sich einen Hund zuzulegen, sollte wissen, wozu er das Tier möchte und was es alles können sollte. Wer in einer Wohnung lebt, sollte einen Hund wählen, der sich in einer Wohnung wohlfühlt. Wer nicht allein lebt, muss natürlich alle anderen Familienmitglieder miteinbeziehen. Auch die Kinder. Der künftige Halter muss sich auch die Frage stellen, wieviel Zeit für den Hund zur Verfügung steht. Allein für den Auslauf sollten täglich eineinhalb Stunden einkalkuliert werden. Aber das ist selbstverständlich sehr stark vom Hund abhängig. Und mit Spazierengehen alleine ist es nicht getan. Ein Hund braucht auch Kontakt zu seinen Menschen und Aufgaben, damit er sich nicht langweilt. Hunde sind schliesslich sehr lernwillig.

Ein wichtiger Faktor sind auch die Kosten. Worauf muss da alles geachtet werden?

Da sind zum einen die Anschaffungskosten, die, je nachdem, ob es sich um einen Modehund handelt, einige tausend Franken ausmachen können. Dann kommen die Hundesteuer, die regelmässigen Impfungen sowie das Entwurmen dazu. Nicht zu vergessen die Kosten für das Hundefutter. Zudem kann auch jederzeit etwas passieren, der Hund kann krank werden, oder braucht eine Operation, weil er sich beispielsweise einen Kreuzbandriss zuzieht etc. Das sind Aufwendungen, die bei der Anschaffung einkalkuliert werden sollten.

Hans Graf, Zürcher Hundeverband: „Wir schlagen eine Reorganisation und eine gewisse Öffnung der Hundegesetze vor."

Woran erkennt man einen seriösen Züchter und was macht eine gute Hundezucht aus?

Der Zürcher Hundeverband (zhv) legt grossen Wert auf seriöse Züchter. Daher führen unsere Zuchtwarte regelmässige Kontrollen durch – sowohl bei den Züchtern selbst als auch bei den Welpen. Jeder Rasseclub hat bei uns seinen eigenen Zuchtwart. Zudem nimmt ein guter Züchter den Hund auch wieder zurück. Zum Beispiel, wenn das Kind allergisch reagiert.

Man erwirbt einen jungen Hund und es stellt sich heraus, dass er krank ist. Wie sollte man in diesem Fall vorgehen? Sollte man den Züchter informieren?

Ja, so etwas sollte einem Züchter unbedingt mitgeteilt werden. Ich rate auch, bereits im Kaufvertrag festzuhalten, was passiert, wenn ein Mangel da ist. Sinn macht es, eine finanzielle Abgeltung zu vereinbaren oder eine Klausel, dass der Züchter den Hund wieder zurücknimmt. Vorausgesetzt, man will den Hund überhaupt wieder zurückgeben. Hundekauf setzt natürlich auch Vertrauen voraus. Ganz wichtig ist, einen Hund nur bei einem seriösen Züchter zu erwerben. Auf gar keinen Fall sollte man einen Billig-Welpen erstehen.

Was sind die Hauptaufgaben des zhv?

Es gilt zwei Funktionen zu erfüllen. Zum einen sind wir Dienstleister für unsere Mitglieder, das heisst, wir organisieren Kurse und Ausbildungen. Zum anderen vertreten wir die Hundehalter in relevanten Fragen. Wir treten beispielsweise in Aktion, wenn wir der Meinung sind, dass eine Stadt oder eine Gemeinde eine übertrieben hohe Hundesteuer verlangt. Und wir engagieren uns für die Hundebesitzer und ihre Rechte. Das heisst, wir fordern, dass die Tiere artgerecht gehalten werden können, dass es genügend Auslaufmöglichkeiten gibt und vieles mehr. Wir appellieren auch immer, wenn das Thema Leinenpflicht wieder im Raum steht. Eine Leinenpflicht richtet sich gegen das Wesen des Hundes, die nun mal eben ein körperliches Bewegungsbedürfnis haben. Wir sind dafür, dass es grössere Gebiete gibt, in denen sich der Hund ganz ohne Leinenpflicht frei bewegen kann.

Der Hund ist für die einen ein unverzichtbarer Freund, für die anderen ein unnützes Übel, das am besten ganz verboten gehört. Inwiefern kann der zhv in diesem Zweifrontenkrieg ein Mediator sein?

Es gehört zu den Aufgaben des zhv, zu einer positiven Einstellung zu Hunden in der Gesellschaft beizutragen. Wir schauen aber auch darauf, dass sich die Hundebesitzer vernünftig verhalten, also dass sie die Robidogs benutzen, ihre Hunde auf Schulhöfen und Spielplätzen nicht frei laufen lassen und die Regeln einhalten. Auch Öffentlichkeitsarbeit mit regelmässigen Presseaussendungen an Zeitungen, Radio oder Fernsehen gehört zu unseren Aufgaben. Es ist ein grosser Schritt nach vorne, dass wir als Experten in Sachen Hundefragen wahrgenommen und kontaktiert werden.

Sie meinen auch bei negativen Meldungen? Beispielsweise, wenn wieder mal von „Kampfhunden" die Rede ist oder bei Bissvorfällen?

Der Begriff Kampfhund ist ohnehin falsch. Es sind vielmehr Hunderassen, die oft von falschen Besitzern gehalten werden. Die Gefahr geht vielmehr vom Menschen aus. Natürlich gibt es Hunde, die schnappen oder beissen und solche Vorfälle werden auch meist sehr prominent von den Medien aufgegriffen. Es wird jedoch kaum hinterfragt, warum so etwas passiert. Hunde beissen nicht grundlos zu. Wenn man zudem gegenüberstellt, was Hunde Positives leisten, ist es eine Minderheit. Ich finde, dass auch die positive Seite in den Medien viel mehr dargestellt werden sollte. Zum Beispiel die Sicht, wo Hunde überall helfen, sollte in Zeitungen, Fernsehen etc. mehr berücksichtigt werden. Ich denke da an Lawinenhunde, Assistenzhunde etc.

In einem Ballungsraum wie Zürich, wo viele Menschen zum Teil auf sehr engem Raum leben, kommt es doch zwangsläufig zu Konflikten und sozialen Spannungen. Werden Sie auf dem Rücken der Hunde ausgetragen?

Zürich hat ein sehr striktes Hundegesetz mit Rasseverboten. Die Stadt zeigt sich in dieser Hinsicht von der Gesetzgebung nicht liberal. Allerdings ist im

Umgang damit von Seiten der Behörden sehr viel Verständnis vorhanden. Ich denke da zum Beispiel an die Aktion „Züri Hünd sind Fründ". Es handelt sich dabei um ein Projekt des Schul- und Sportdepartements der Stadt Zürich, bei dem Schulkinder während der Ferien einen Tag auf dem Hundeplatz verbringen dürfen. Neben spannenden Informationen und Prävention rund um den Hund dürfen die Kinder am Nachmittag selber aktiv werden, Hunde beobachten, die selbst die Schulbank drücken und sogar selber einen Hund durch den Plausch-Parcours führen.

Nochmals zurück zu den „Kampfhunden". Machen Verbote von diversen Hunderassen tatsächlich Sinn? Ein Auslöser war ja, dass vor sieben Jahren in der Schweiz ein sechsjähriges Kind von drei American Pitbull Terriern zu Tode gebissen wurde.

Es ist klar, dass die Politik nach diesem Vorfall unter Druck kam und reagieren musste. Dennoch vertreten wir vom ZHV die Meinung, dass Rasseverbote nicht der richtige Weg sind. Auch was die verpflichtenden SKN-Kurse betrifft, haben wir Verbesserungsvorschläge parat. Wir fragen uns beispielsweise, ob es Sinn macht, dass jemand, der seit 20 Jahren Hunde hält, von einem Kurs gemeinsam mit Ersthundehaltern profitieren kann. Nur, weil er sich einen neuen Hund anschafft. Diese absolute Ausbildungspflicht für jedermann geht einfach zu weit. Zudem denke ich, dass trotz aller Kenntnisse und verpflichtenden Kurse ungeeignete Hundehalter nicht eliminiert werden können. Der Mensch kann immer noch machen, was er will. Wir schlagen daher eine Reorganisation und eine gewisse Öffnung vor. Überhaupt wäre mehr Gesamttoleranz in der Gesellschaft wünschenswert.

Mit dem Angebot, sich einen „Hund auf Zeit" zu mieten, scheint ein neuer Trend zu entstehen. Ist so etwas aus der der Sicht des Hundeverbandes begrüssenswert oder völlig abzulehnen?

Da stellt sich die Frage, ob ein Züchter ein junges Tier an einen älteren Menschen verkaufen soll? Niemand kann zehn bis fünfzehn Jahre vorausschauen. Die Frage, was mit dem Tier passiert, wenn der Besitzer krank wird oder stirbt, sollte am besten schon vorher geklärt werden. Viele Senioren verzichten aus dieser Angst heraus sogar auf einen Hund, obwohl er ihr einziger Bezug wäre. Wenn es eine Form gibt, die dem Hund nicht schadet, spricht nichts gegen eine solche Initiative.

Zürcher Hundeverband (zhv)
Hans Graf (Präsident)
Hinterbrugglen 1
8627 Grüningen
Mail: info@zhv-zh.ch
Web: www.zhv-zh.ch

Im Tierheim Pfötli werden gestrandete Vierbeiner in ein neues Zuhause vermittelt

Rund um die Uhr im Einsatz

Die Ratte sollte auf Kommando über die Leiche huschen. Das war das Erfordernis, das der Tatort-Produzent an das Tier hatte. „Wir hätten ja gerne geholfen", erklärt Heidi Randegger vom Tierrettungsdienst und Tierheim Pfötli in Winkel bei Zürich und amüsiert sich immer noch über die ungewöhnliche Anfrage. „Leider wohnte damals kein passender Nager bei uns." Macht nichts, denn die eigentlichen Stars sind sowieso die Mitarbeiter der einzigen in dieser Form organisierten Tierrettung der Schweiz. Unter dem Motto „Leben hat Vortritt" gehört die Rettung, Haltung und die Vermittlung von verletzten und verwaisten Tieren zu ihrer Kernkompetenz. Dafür sind sie rund um die Uhr im Einsatz. Also 24 Stunden an sieben Tage die Woche.

Vor über 20 Jahren hatte das Projekt der engagierten Tierretter auf der Strasse begonnen. Heidi Randegger zählte zu jenen Pionieren, die sich um verletzte Tiere kümmerten. Die Anfänge waren mitunter abenteuerlich. Denn Geld war keines vorhanden. Die Retter fuhren vielmehr mit ihren eigenen Autos. Notdürftig ausgestattet, doch mit viel Kreativität in der Ausführung. Bald sprach sich herum, dass es Menschen gab, die sich für die Tiere aufopferten. So wurde das Team nicht nur gerufen, wenn es verletzte Tiere zu bergen gab, sondern beispielsweise auch, wenn eine Katze entlaufen war. Ein Katzenkörbli, Guetzlis, einige Steine und Stecken und eine Schnur. Schon war die improvisierte Büsi-Falle fertig. Nun darf die Retterin geduldig hinterm Gebüsch warten. „Oder wie sollten wir sie sonst einfangen", blickt die Leiterin der Kommunikation lachend in die Runde. Der neu gegründete Verein zählte bereits in den ersten vier Monaten stolze 110 Einsätze. Und es wurden immer mehr.

Tierrettung rund um die Uhr

Womit sich allerdings das Problem ergab: Wohin mit den geretteten Tieren? „Vor allem an den Wochenenden standen wir bei den Tierheimen vor verschlossenen Türen." Also wurden zu Hause kleine, provisorische Auffangstationen eingerichtet. „Das ging ja noch, wenn es sich um Kleintiere handelte, aber bei Katzen oder Hunden wurde es schwierig", erklärt das Gründungsmitglied. So entstand die Idee, ein eigenes Tierheim

Die Mitarbeiter der Tierrettung kümmern sich um einen verletzten Hund

aufzubauen. Eines, das für die Tierrettung an 365 Tagen und rund um die Uhr zugänglich ist.

Gut ausgerüstet

„Heute ist der Tierrettungsdienst im Kanton Zürich nicht mehr wegzudenken", sagt Heidi Randegger. Das bestätigen auch die Zahlen aus dem Jahr 2014. Rund 4.000 Einsätze sind die 50 freiwilligen und sechs festangestellten Tierretter 2014 gefahren. Das ist mit etwa 180.000 gefahrenen Kilometern ein neuer Rekord. Für den Einsatz stehen drei grossräumige Rettungsfahrzeuge bereit. Sie sind mit Sauerstoffboxen und Beatmungsgeräten ausgerüstet, diversen Transportboxen, Käfigen mit Betreuungsöffnungen,

Das Tierheim Pfötli in Winkel

Katzenfallen, Fangstangen etc. Aber auch freiwillige Helfer mit ihren privaten Pkws sind nach wie vor im Einsatz.

Helfer in der Not

Die Polizei beispielsweise schätzt den Tierrettungsdienst sehr. Vor allem dann, wenn es sich um ein verletztes Tier auf der Strasse oder Schienen handelt. Erst kürzlich wurde ein Rettungswagen zum Zürcher Hauptbahnhof gerufen. Ein kleiner Yorkshire Terrier hatte sich in einer der unterirdischen Etagen verirrt und wollte partout niemanden an sich heranlassen. Das zeigte er mit gefletschten Zähnen und lautem Knurren sehr deutlich. Erst die Experten konnten das Tier einfangen. Anscheinend war er seinem Besitzer nachgelaufen, der mit dem Zug weggefahren ist.

Animal-Hoarding

Auch für das Veterinäramt ist der Tierrettungsdienst ein wichtiger Ansprechpartner. "Da geht es meist um Animal-Hoarding oder Beschlagnahmungen", erklärt Randegger. Ein sehr tragischer Fall hat sich bei ihr ganz besonders eingeprägt. Es war ein Bild des Grauens: 80 völlig verwahrloste und verstörte Hunde, in deren Fell Kot, Urin und Essensreste klebten. "Diesen Anblick der aufeinander gestapelten Käfige werde ich nie vergessen", schüttelt sie verständnislos den Kopf. Für vier der Hunde kam jede Hilfe zu spät, sie mussten eingeschläfert werden. Die anderen Hunde wurden in verschiedenen Tierheimen gesund gepflegt.

Büsi als blinder Passagier

Auch am Flughafen Kloten, der sich nur unweit vom Tierrettungsdienst und vom Tierheim Pfötli befindet, stranden immer mehr verschiedenste Vierbeiner.

Eine nur wenige Monate alte Katze etwa reiste als blinder Passagier mit einem Airbus aus Athen in die Schweiz ein. Sie wurde im Fahrwerkschacht der Maschine entdeckt. „Trotz Sauerstoffmangel und Minustemperaturen schaffte es ein Mitarbeiter, die Katze, die Erfrierungen an den Pfoten aufwies, wiederzubeleben", erzählt Randegger und fügt hinzu: „Sie bekam auf Wunsch der Flugzeugcrew den Namen Oscar Fox, nach den letzten Buchstaben der Kennung jener Maschine, mit der sie in die Schweiz eingereist ist." Des Weiteren erinnert sie sich noch an den frechen Spatz, der in der Küche eines Kiosks am Zürichsee in die zum Glück kalte Fritteuse, wo sonst die Fischknusperli braten, plumpste. Er konnte sich zwar aus dem Fett befreien, doch alleine hätte er keine Chance gehabt, zu überleben. Also wurde der Tierrettungsdienst gerufen, der Pechvogel in die Vogelpflegestation Voliere Zürich beim Mythenquai gebracht. Dort wurde er mit Wasser und Seife gewaschen und unter eine Wärmelampe gelegt, damit er nicht auskühlt. Der Spatz hat sich schliesslich wieder erholt und konnte in die Freiheit entlassen werden. Ein glücklicher Moment, so wie es jeder ist, wenn ein Tier gerettet werden kann. Egal, ob es sich um Hunde, Katzen, Reptilien, Vögel oder Ratten handelt, lohnt es sich, helfend einzugreifen. Man muss ja dabei nicht gleich über Leichen gehen. Das überlässt man dann doch lieber den Tatort-Produzenten.

Neugierig blickt der kleine Welpe in die Kamera

Stiftung TierRettungsDienst – Leben hat Vortritt

Tierheim Pfötli
Lufingerstrasse 1
8185 Winkel
Tel.: 044-8644400
24-Stunden-Notruf: 044-2112222
Mail: info@tierrettungsdienst.ch
Web: tierrettungsdienst.ch

Spendenkonto
Stiftung TierRettungsDienst
Tierheim Pfötli
PC-Konto 80-310078-8
IBAN: CH32 0900 0000 8031 0078 8
BIC: POFICHBEXXX

Wir suchen für die Tierrettung laufend interessierte Tierfreunde, die sich als freiwillige Fahrerinnen und Fahrer bei uns engagieren möchten. Bist du im Kanton Zürich oder angrenzendem Gebiet wohnhaft und möchtest dich im Tierschutz einsetzen, dann melde dich für den nächsten Informations-Anlass an.

Wie die Susy Utzinger Stiftung für Tierschutz Tierheime nachhaltig unterstützt

Wenn Tierheime Hilfe brauchen

In der Schweiz erhalten Tierheime keinerlei staatliche Förderung und müssen, um überleben zu können, betriebswirtschaftlich geführt werden. Daraus ergibt sich oft das größte Problem, denn dem Anspruch auf artgerechte Unterbringung, veterinärmedizinische Versorgung und fachgerechte Pflege gerecht zu werden, kostet viel Geld. Die Susy Utzinger Stiftung für Tierschutz (SUST) hat es sich zur Aufgabe gemacht, Tierheime im In- und Ausland zu unterstützen und hilft dort zu helfen, wo die Betreiber an ihre Grenzen stossen. Wir sprachen mit Susy Utzinger, der Geschäftsführerin der Stiftung.

Wie sehen Einsatztage in Tierheimen aus? Wo überall muss Hand angelegt werden?

Wir packen in erster Linie da an, wo Not am Mann ist. Das sind oft kleine Arbeiten wie Ausbruchlöcher wieder schließen, Platten entmoosen, neue Wege anlegen, das Lager aufräumen usw. Es kann aber auch mal sein, dass wir einen ganzen Tierheim-Umbau auf die Beine stellen. Unsere Hilfe kommt sofort, unbürokratisch und im Stillen. Denn wir wollen niemanden bloss stellen. Uns ist wichtig, dass die Tierheime wieder auf die Beine kommen.

Wie viele Tierheime in der Schweiz unterstützt die SUST?

Rund 140 Tierheime und Tierschutzprojekte. Vielen fehlt es am Nötigsten, und das können wir dank Materiallieferungen ändern. Sie sind für uns oft das Eintrittsticket zu den einzelnen Projekten. Wir bringen Schlaf- und Transportkörbe, Hundehütten, Halsbänder, Leinen, Näpfe etc. mit und können vor Ort dann die Umstände im Projekt besprechen und allfällige Verbesserungen ansprechen und planen.

Worin liegt die Nachhaltigkeit Ihrer Unterstützung?

Die Nachhaltigkeit liegt im Dialog mit den betroffenen Tierschützern. Wir versuchen, gemeinsam die Abläufe zu verbessern, weisen beispielsweise auf die Wichtigkeit von schriftlichen Rapporten hin. Arbeiten werden sonst unkoordiniert oder gar doppelt erledigt. Auch die Pflege der Website

Susy Utzinger packt dort an, wo Not am Mann ist.

oder PR-Maßnahmen können helfen, wenn es darum geht, Spendengelder zu generieren. Papierkram macht im Tierschutz durchaus Sinn. Weiterbildungsmaßnahmen für das Personal verbessern zudem die Qualität der Tierpflege.

Kann jeder in der Schweiz ein Tierheim eröffnen oder ist eine Ausbildung nötig?

Seit Jänner 2014 gibt es eine neue Regelung für Hundesitter: Wer tagsüber oder nachts mehr als fünf Pflegeplätze für Hunde anbietet, braucht eine Bewilligung des Veterinäramtes. Um diese zu bekommen ist eine Tierpfleger-light-Ausbildung erforderlich. Die sogenannten FBA Tierbetreuer absolvieren acht Theorie-Kurstage und ein Praktikum von 510 Stunden. Werden mehr als 20 Tiere betreut ist die Tierpflegeausbildung Bedingung. Brutale Massentötungen, miserable Bedingungen in Tierheimen, unkontrollierte Vermehrung – das alles sind Probleme bei denen zuerst an Länder wie Rumänien, Bulgarien oder Ägypten gedacht wird.

Kehren wir doch mal vor der eigenen Haustüre?

Sie haben Recht. Ich weiß von ganz schlimmen Fällen in der Schweiz. Nur dass Verstösse gegen das Tierschutzgesetz unter dem Deckmantel tabuisiert werden. Wir zeigen bei Schlagzeilen wie „Straßenhunde für Olympia abgeschlachtet" mit dem erhobenen Finger und klagen an. Wie viele Büsis jedoch bei uns gleich nach ihrer Geburt erschlagen oder ertränkt werden, davon will niemand etwas wissen. Wir schätzen die Zahl auf weit mehr als 100.000 pro Jahr. Daher führen wir Katzen-Kastrationsaktionen durch. Die Tiere leben meist auf Bauernhöfen oder sind verwildert und herrenlos. Aus einem Katzenpaar können rein rechnerisch, und wenn alle Tiere überleben, binnen zehn Jahren 80 Millionen Tiere hervor gehen. Jede Kastration verhindert Tierleid. Leider gibt es in der Schweiz keine finanzielle Unterstützung.

Mit dem Tierschutz ist es so eine Sache: Es gibt zahlreiche Vereine und Organisationen. Wegen unterschiedlicher Ansätze gibt es vielfach keine Zusammenarbeit. Vielmehr hat man das Gefühl, dass sie sich konkurrieren. Schaden solche Vereine und Organisationen mehr als sie helfen?

Das Wort Tierschutz ist leider nicht definiert. Jeder kann und darf sich Tierschützer nennen. Viele von ihnen sind Tierfreunde, die mit vollen Herzen für das kämpfen, was sie unter Tierschutz verstehen. Da prallen unter Umständen Fronten aufeinander. Hinzu kommen mangelndes Fachwissen und die daraus resultierenden Fehler. Meiner Meinung nach macht diese Problematik etwa 50 Prozent der Probleme im Tierschutz aus. Solide Fachkenntnisse würden das Problem an der Wurzel packen. Die Aus- und Weiterbildung von Tierärzten, Tierschützern und auch von privaten Tierfreunden ist daher ein wichtiges Standbein unserer Philosophie.

Wie sollte eine Ausbildung für Tierschützer aussehen und welche Inhalte sollten vermittelt werden?

In einem Tierschutzeinsatz kann auf die Tierschützer jede nur erdenkliche Aufgabe zukommen. Wir beispielsweise bereiten unsere Helfer auf ihre kommenden Tierschutzeinsätze vor. Inhalt der theoretischen und praktischen Lektionen sind unter anderem die gängigsten Endo- und Ektoparasiten bei Hunden und Katzen und deren Behandlung, das Erkennen der wichtigsten Hundekrankheiten und das Wissen um deren Auswirkungen und Ansteckungsgefahren, Desinfektionsregeln, Fixation von Tieren, Umgang mit Medikamenten und Spritzen oder die Vorbereitung von Infusionen und Operationen. Die

SUST-Kyno-Weiterbildung findet an der Vetsuisse Fakultät Zürich statt.

Immer mehr Schweizer adoptieren einen Hund aus dem Ausland oder gar aus einer Tötungsstation. Wie stehen Sie zu diesem Thema?

Zeit für Kuscheleinheiten: Susy Utzinger im Tierheim mit einem Welpen

Dahinter stecken oft auch egoistische Gründe. Hunde, die mit großen dunkeln Knopfaugen hinter Gitterstäben hervorgucken, tun vielen Tierfreunden leid. Mit der Adoption lindern sie jedoch in erster Linie ihr eigenes Leid. Oft haben diese Tiere schon sehr viel Negatives erlebt und brauchen Halter, die damit umzugehen wissen. Kommen sie mit den Tieren nicht zurecht oder ist ihnen das Arbeiten mit dem traumatisierten Hund zu viel Arbeit, landen sie nach kurzer Zeit im Tierheim. Wer einen Hund möchte, darf sich gerne für einen aus dem Ausland entscheiden. Er sollte ihn aber auch behalten und sich um das Tier kümmern, finde ich.

Welche Hilfe in Sachen Tierschutz würden Sie sich von den Schweizern wünschen?

Sinnvolle Hilfe leisten kann man beispielsweise mit einer Geschenk-Urkunde für Kastrationen Schweizer Katzen. Warum nicht statt der üblichen Aufmerksamkeiten oder Mitbringsel einem Tier die Hoffnung auf ein besseres Leben schenken? Auch die Materialsammlungen sind für uns sehr wichtig. 2014 beispielsweise konnten wir 44 Tonnen zusammentragen und so zur Pflege und artgerechten Unterbringung von heimatlosen Tieren beitragen. Oder ganz einfach mit einer Spende auf das Konto der Susy Utzinger Stiftung für Tierschutz.

Susy Utzinger Stiftung für Tierschutz
Weisslingerstrasse 1
8483 Kollbrunn (ZH)
Tel.: 052-2026969
Mail: info@susyutzinger.ch
Web: www.susyutzinger.ch

Spendenkonto
Susy Utzinger Stiftung für Tierschutz
PC 84-666 666-9
IBAN: CH87 0900 0000 8466 6666 9
BIC POFICHBEXXX

SUST wird aktiv, wenn in Tierheimen oder Tierschutzprojekten Handlungsbedarf besteht:
1. Tierbetreuung: SUST sichert die veterinärmedizinische Versorgung, Futterbeschaffung und Tierpflege.
2. Qualität der Tierpflege: Aus- und Weiterbildung der Fachleute, Optimierung der Arbeitsabläufe, Einrichtungen und Administration im Betrieb.
3. SUST führt das betreute Tierheim auf den Weg der Selbstständigkeit. Dazu zählen die Vermittlung heimatloser Tiere, Webauftritte, Administration, Informationsveranstaltungen und die regelmäßige Einnahme von eigenen Spendengeldern.

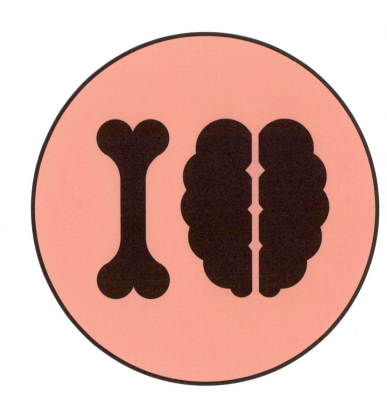

Futter & Philosophie

Liebe geht durch den (Hunde-)Magen. Wer in die Schweizer Hundenäpfe blickt, merkt, dass sich dieser Slogan nahtlos vom Vier- auf den Zweibeiner fortsetzt. Mit viel Liebe zubereitet ist jedenfalls das Futter jener Produzenten, bei denen nicht die Quantität, sondern die Qualität im Vordergrund steht. Und auch hier zeigen die Schweizer, dass sie im positiven Sinne gerne ihr eigenes Süppchen kochen. Oder besser gesagt, ihre ganz speziellen Menüs für die Vierbeiner. Spezieller Zustellservice inklusive. Da kommt einem Reinhard Mey in den Sinn: „Es gibt Tage, da wünscht' ich, ich wär mein Hund ..."

Wie die beiden Hunde Gina und Fritz zur Marke wurden

Zum Fressen gern

Gina, das ist eine zehnjährige Parson-Russell-Terrier-Hündin und Fritz ist ihr um fünf Jahre jüngerer Kompagnon. Wer die beiden sieht, hat das quirlige Pärchen von der ersten Sekunde an zum Fressen gern. Das darf man auch. Denn Gina und Fritz sind auch Namenspaten eines mit ausschliesslich frischen Zutaten hergestellten Hundefutters. Kreiert wurde es von Ingrid Halver, einer ausgebildeten Ernährungsberaterin. Ihr Futter kommt ganz ohne Lockstoffe und künstliche Zusätze aus, wird in einem kleinen Metzgerbetrieb im Emmental einmal pro Woche zubereitet und in Gläsern abgefüllt.

Nur gesunde Zutaten

Was das Futter besonders auszeichnet? „Es sind regional ausgewählte Zutaten aus der Schweiz in absoluter Lebensmittelqualität, zudem kommt nur reines Muskelfleisch hinein", erklärt die gebürtige Deutsche. Da Ingrid Halver, die den Betrieb gemeinsam mit ihrer Tochter Carlota führt, auf Innereien gänzlich verzichtet, kann die Mischung, die aus Fleisch, Gemüse, Obst und Aloe Vera besteht, bei einer niedrigeren Temperatur dampfgegart werden. Dadurch bleiben die Vitamine erhalten, für mindestens zwei Jahre. Manchmal muss sich die Hundeliebhaberin aber auch die Frage stellen lassen, ob so viel Aufwand nicht zu viel des Guten für einen Vierbeiner sei. „Wir propagieren keineswegs das feinst vorgeschnittene, auf dem Samtkissen servierte Filetsteak. Vielmehr geht es um eine gesunde Ernährung und auch darum, dass das Fleisch von Tieren stammt, die artgerecht gehalten wurden." Das Engagement, das der kleine Handwerksbetrieb dabei an den Tag legt, hat schweizweit Beachtung gefunden. „Gina&Fritz" ist mittlerweile im ausgewählten Fachhandel und in diversen Tierarztpraxen erhältlich.

Der Anfang einer Erfolgsgeschichte

Doch wie ist die Idee überhaupt entstanden, ein eigenes Futter herzustellen? Angefangen hat die Geschichte von „Gina & Fritz" in der Küche von Ingrid Halver. „Ich habe schon immer für meine Hunde selbst gekocht und die übrigen Portionen dann eingefroren." So kam es, dass sie von Bekannten gefragt wurde, ob sie nicht auch für ihre Fellnasen kochen könnte. Mit der Zubereitung allein war es für die Ernährungsspezialistin allerdings nicht getan. Vielmehr stellte sie sich der Herausforderung, was den Vierbeinern am besten bekommt. „Hunde

Gina und Fritz lieben Gina & Fritz

können ja manches nicht so verdauen wie Menschen", weiss sie.

Pionierin in der Schweiz

Ingrid Halver war die erste, die ein Alleinfutter für Hunde in Lebensmittelqualität anbot, das ausschliesslich aus Schweizer Produkten hergestellt ist, die aus artgerechter Haltung stammen. Dieser Respekt gegenüber den Nutztieren und die Liebe zur Qualität will sie mit der Glasverpackung zum Ausdruck bringen. Eine Symbolik, die offenbart: „Ich habe nichts zu verbergen." Übrigens bleibt das Futter auch nach dem Öffnen über eine Woche lang frisch, wenn es im Kühlschrank aufbewahrt wird. Gina & Fritz ist eben ein Original.

GINA & FRITZ GmbH
Ingrid Halver
Industriestrasse 47
6300 Zug
Tel.: 041-4108191
Mail: info@gina-und-fritz.ch
Web: www.gina-und-fritz.ch

**Adrian Hess liefert mit seinem B.A.R.F.-Mobil
Tiefkühlfleisch direkt an die Haustür**

„Mr. Barf" für Hunde

Könnte ein Hund das Mobiltelefon bedienen, hätte er die Nummer von Adrian Hess ganz sicher im Display eingespeichert. Denn, was für unsereiner der Pizzalieferant ist, ist für viele Vierbeiner das B.A.R.F.-Mobil des gelernten Bauschreiners. Hinter dem Steuer wird der Inhaber des Futterparadieses für die Fellnasen und deren Besitzer so etwas wie zum „Herrn Bofrost". Denn Adrian Hess liefert tiefgefrorene Köstlichkeiten, die bei unseren tierischen Mitbewohnern eine wahre Fleischeslust auslösen. Und was unsere karnivoren Freunde ganz besonders erfreut, ist, dass es sich dabei auch um genau abgestimmte Mischungen handelt, die von Herrchen und Frauchen zu Hause noch zusätzlich aufgepeppt werden können.

Fleisch bleibt frisch

Generell ist die biologisch artgerechte Rohfütterung – wie das Barfen mit vollem Namen genannt wird – ein Trend, der auch in der Schweiz Einzug gehalten hat. Doch ohne die entsprechenden Kenntnisse ist es schwierig, seinem Liebling durch das Verfüttern von rohem Fleisch alle Nährstoffe zuzuführen. Hinzu kommt noch, dass im Alltag schlichtweg vielfach die Zeit für die aufwändige Zubereitung fehlt. Dies hat Adrian Hess auf die Idee gebracht, einen mobilen Barf-Dienst ins Leben zu rufen. Regelmässig begibt sich das kleine Team, dem auch noch seine Freundin Tina Ferrari angehört, auf Tour, um Kunden mit der tiefgekühlten Ware zu beliefern. „Das hat den Vorteil, dass das Fleisch auch auf langen Strecken nicht auftaut und die Kühlkette somit nicht unterbrochen wird", sagt Adrian Hess. Die weitesten Fahrten gehen von Wangen/SZ aus bis nach Luzern oder Solothurn. Freilich können Barf-Anhänger auch direkt in seinem Futterparadies aus über 70 Sorten Fleisch auswählen. Der Vorrat ist beachtlich. Wer einen Blick in die hinteren Räume des Geschäftes erhaschen kann und genau zählt, findet sieben grosse Tiefkühlschränke, eine Kühltruhe und einen Kühlschrank vor. Im wahrsten Sinne des Wortes eine „coole" Sache für die kalten Schnauzen.

Adrian Hess liefert mit dem Barf-Mobil tiefgefrorene Köstlichkeiten für tierische Mitbewohner direkt vor die Haustüre

Beim Barfen ist entscheidend, dass die Konsistenz genau passt. Das heisst, das Rohmaterial setzt sich aus Muskelfleisch, Innereien, Knochenanteil, Gemüse, Mineralstoffen und Vitaminen zusammen. Wer will, bekommt jedoch auch nur das Fleisch alleine – zum Beispiel ganze Poulethälse, geschnetzeltes Pferdefleisch, geschnittene Ochsenschwänze oder Besonderheiten wie gemahlenes Rinderherz - geliefert. Bis auf Strauss oder Ente stammt alles aus der Schweiz. Adrian Hess arbeitet auch eng mit Tierärzten zusammen. Zudem ist für ihn und seine Mitarbeiterinnen eine intensive Auseinandersetzung zum Thema Tierernährung obligatorisch. „Wir haben alle eine Ausbildung in der Akademie für Tiernaturheilkunde absolviert", sagt der große Hundefreund und erzählt von einem Rehpinscher, der an Allergien litt und regelmässig Kortison-Spritzen benötigte. Durch Barfen verbesserte sich der Zustand wesentlich. „In diesem Fall riet ich auch zu einer Darmsanierung, die viel bewirken kann."

Barf-Pläne zum Einstieg

Wenn jemand überlegt, auf Rohfütterung umzustellen, hilft Hess mit Barf-Plänen weiter. Wieviel

Es ist noch dunkel, wenn Tina Ferrari in aller Herrgottsfrüh losfährt

Fleischanteil, wieviel Gemüse, wieviel Knochen braucht es? All dies sind entscheidende Faktoren, die ein Hundehalter wissen muss, damit er auch sicher gehen kann, dass sein Tier vollwertig ernährt wird. „Mit einem wöchentlichen Ernährungsplan tun sich Umsteiger besonders leicht", weiß der Fachmann, „nach einigen Wochen sind sie jedoch so routiniert in der Rohfütterung, dass eigene, oft sehr kreative Futterpläne entstehen."

Hunde als Futtertester

Ein Leben ohne Hunde könnte sich Adrian Hess jedenfalls nicht mehr vorstellen. Der 13-jährige Mischling Pipo sowie der Labradormix Picuri, der gerade mal dem Welpenalter entwachsen ist, zählen mit zum Team. Und – besonders praktisch – die beiden Feinschmecker stehen auch gerne als Qualitätstester zur Verfügung. Bevor eine neue Futtermarke aufgenommen wird, wird erst probiert, wie Pipo und Picuri das Futter schmeckt und bekommt. „Es ist tatsächlich auch schon vorgekommen, dass die beiden die Mahlzeit verschmähten. In diesem Fall lassen wir es von anderen Hunden testen. Wenn auch sie es nicht anrühren, ist es auch nichts für unser Sortiment", erklärt Hess seine Philosopie.

Besondere Accessoires für Hunde

Doch nicht nur Futter, sondern auch spezielle Accessoires findet man im Geschäft. Darunter auch Außergewöhnliches wie beheizte Hundekörbe. Sie kommen dann zum Einsatz, wenn ein Hund nach einer Operation Wärme braucht oder auch im Winter, wenn der Vierbeiner beispielsweise längere Zeit im Auto bleiben muss.

Soziales Engagement

Bevor Adrian Hess im November 2013 sein Futterparadies eröffnete, arbeitete er unter anderem als Filialleiter bei Aldi beziehungsweise in der Versicherungsbranche. „Ich habe dort viele wertvolle Erfahrungen sammeln können", weiss er die Erfahrung zu schätzen. Dass er sich nun voll und ganz Hund, Katze und Co verschrieben hat, ist eine logische Konsequenz seiner großen Tierliebe. Ihm ist es daher auch ein Anliegen, soziales Engagement zu zeigen. Sein Unternehmen unterstützt unter anderem die Organisation Animal Happyend, die sich dem Schicksal von Hunden im Ausland annimmt.

Futterparadies
Adrian Hess
Sonnenwiese 1a
8855 Wangen/SZ
Tel.: 055-4409015
Mail: info@futterparadies.ch
Web: www.futterparadies.ch

70 Sorten Fleisch sind fein säuberlich übereinander gestapelt

Sniffany & Co. ist ein Paradies für Hunde

Wo Fellnasen geliebt werden

Daisy macht es sich in ihrem Sitzsack gemütlich. Lasziv anmutend liegt die königlich scheinende Mops-Dame völlig entspannt auf dem Rücken. Die Blumenmotive, die ihr grünfarbiges kissenähnliches Bettchen zieren, erinnern an eine Frühlingswiese. Hier drin würde auch Mensch gerne alle viere von sich strecken und das Leben in vollen Zügen geniessen. Fast wäre man geneigt, diesen wunderbaren Platz, der ein wahres Paradies für jeden Hund zu sein scheint, ein Geheimnis bleiben zu lassen. Doch es wäre zu schade, den Schweizer Fellnasen und ihren Besitzern jenen Ort vorzuenthalten, an dem Aileen Aurnhammer seit fünf Jahren die Hundewelt verzückt. Ihr kleines Paradies ist in Gockhausen zu finden, einem Ortsteil von Zürich, der am Nordrand des Adlisberges liegt. Wer der Hektik in der Zürcher City auf die Schnelle entfliehen will, steigt am besten in die zahnrädrige Dolderbahn ein und geniesst den Blick auf die langsam vorbeiziehende Landschaft aus dem schmucken Bähnli. An der Endstation angekommen, führt ein Waldweg praktisch direkt zu „Sniffany & Co.", in den Tüfweg Nummer 3. Rund eine halbe Stunde dauert der Spaziergang, der sich für Zwei- und Vierbeiner gleichermassen lohnt.

Schick und praktisch

Da ist zum einem das Mops-Mädchen Daisy, das sich, von der Neugier gepackt, von ihrer gemütlichen Position erhebt, um die Neuankömmlinge zu beschnuppern. Und da ist zum anderen natürlich die Inhaberin des Ladens, deren fröhlich-charmante Art vom ersten Augenblick an den Funken überspringen lässt. Diese Leichtigkeit hat die 37-jährige, äusserst sympathische Frau wohl aus Kanada mitgebracht. Viele Jahre lebte sie dort, ehe sie sich vor neun Jahren in der Schweiz niederliess. „Am Anfang erschien mir hier alles so grau", so war es ihr ein Anliegen, für bunte Farbtupfer im Kantonstaat zu sorgen. Vor allem, was ihre grosse Liebe, die Hunde, betraf, vermisste Aileen Aurnhammer farbenfrohe und frisch wirkende Utensilien, die etwas hergaben. Es ging ihr dabei weniger um das Chichi, wie sie es nennt, sondern vielmehr um den praktischen Nutzen, der aber durchaus auch das Auge des Betrachters erfreuen darf. Seit sie ihren Hunde-Shop

Bei Sniffany & Co. gibt es schweizweit die grösste Auswahl an natürlichen Schlemmereien

eröffnet hat – und das ist mittlerweile bereits über fünf Jahre her – hat die Hundeliebhaberin viele Menschen kennengelernt. Sie ist für ihre Kunden auch zu einer persönlichen Beraterin geworden. Im immer grösser werdenden Angebot, das die steigende Zahl der Hundeläden oder Futtermittelhändler mit sich bringt, fällt es dem Einzelnen schwer, den Überblick zu bewahren. Auf dem Markt wird viel feilgeboten, doch um für seinen Liebling tatsächlich das Beste zu bekommen, braucht es die Erfahrung und die notwendigen Kontakte. Im Klartext: Nur, wer sich täglich mit diesem Thema auseinandersetzt, bleibt auch auf dem Laufenden. „Oft sitze ich bis nach Mitternacht vor dem Computer, um im Internet zu recherchieren und nach neuen Produkten zu suchen, die für das Wohlergehen des Hundes konzipiert sind." Im Laufe der Jahre hat sich die gelernte Hotel- und Touristikmanagerin auch ein Netzwerk an Produzenten und Lieferanten aufgebaut, die ihre Philosophie teilen. „Meist sind das ganz kleine Hersteller, die mit grossem Eifer bei der Sache sind", so ist es ihr ein Anliegen, diese Firmen, bei denen das Herzblut sichtbar ist, zu unterstützen.

Gutes für den Hund

Die Internationalität ihres Denkens und die Regionalität, der sie sich ebenso verbunden fühlt, sind dabei kein Widerspruch. Vielmehr geht es ihr darum, das optimale Ergebnis für Hund und Herrchen bzw. Frauchen zu erzielen. Bei den Bettchen achtet sie beispielsweise darauf, dass sie öko-zertifiziert sind. Dadurch ist sichergestellt, dass die Liegestätten keine giftigen Farben oder Materialien enthalten. Für Hunde mit Gelenksproblemen wiederum gibt es spezielle Ausführungen mit orthopädischem Füllmaterial. Dadurch können Druckstellen vermieden werden. „Qualität und Design müssen passen", sagt sie, während das entspannte Liegen ihres Mops-Mädchens wie eine stumme Zustimmung zu sein scheint. Auch alle Halsbänder und Spielsachen sind von Herstellern, die nicht mit toxischen Materialien arbeiten, und somit die Gesundheit des Hundes auch nicht gefährden.

Aileen Aurnhammer gestaltet ihren Shop mit viel Liebe zum Detail

Natürliches Futter

Auch die Auseinandersetzung mit dem eigenen Hund diente Aileen Aurnhammer als wertvoller Wegweiser. „Daisy war die Inspiration für alles", sagt sie und wirft ihrem Möpschen einen liebevollen Blick zu. Da ihre herzallerliebste Dame an einer Nahrungsmittel-Allergie litt, begab sich ihr Frauchen auf die Suche nach Futter, das ihrer kleinen Prinzessin auch bekommt. Je tiefer sie in diese Materie eintauchte, umso mehr entdeckte sie, wie wichtig die Ernährung für die Vierbeiner ist. Deshalb nimmt das Thema Futter einen grossen Raum ein. Insgesamt zehn Futtermarken bereichern das Sortiment, die sich allesamt durch ihre Hochwertigkeit und natürliche Herstellung auszeichnen. Auf eine gewisse Weise hat sich Sniffany & Co. zu einem kleinen Reformhaus entwickelt, das von Kunden aus der ganzen Schweiz besucht wird. Und da auch ein Hund gern mal eine Naschkatze ist, verwöhnt die Tiernärrin die Vierbeiner schon mal mit einem Salami-Parmesan-Cookie oder mit Bio Kauartikeln. „Was Hunde aber am meisten brauchen, ist Liebe und ein warmes Herz", fasst es Aileen Aurnhammer zusammen. Die Deutsch-Kanadierin hat sich mit dieser Philosophie ihren eigenen Weg gebahnt. Egal, ob man zu Fuss, mit dem Auto oder mit der Dolderbahn zu ihr kommt.

Sniffany & Co.
Aileen Aurnhammer
Tüfweg 3
8044 Gockhausen – Zürich
Tel.: 044-8204333
Mail: info@sniffany.com
Web: www.sniffany.com

Tipp 1: Der am Ostrand von Zürich gelegene Adlisberg gilt als Naherholungsgebiet. Von der City fährt die Dolderbahn Richtung Gockhausen. Die Endstation liegt beim Hotel Dolder. Von dort aus gelangt man in knapp 30 Minuten zu Sniffany & Co.

Tipp 2: Bei Sniffany gibt es jetzt auch das Cool & Dog Hundeeis. Und damit auch der Besitzer auf seine Kosten kommt und wir Zweibeiner nicht zuschauen müssen, wie die vierbeinigen Lieblinge ihr Eis verdrücken, ist in der Tiefkühltruhe auch das ganze Sortiment von Sorbetto Glace, aus einer kleinen Eismanufaktur in Zürich, zu finden.

Wie die Tiertafel Winterthur hilfsbedürftigen Frauchen und Herrchen hilft

Wir haben auch Diätfutter ...

Dass das Geld knapp sitzt, spüren viele. Bei manchen reichen die monatlichen Einnahmen allerdings kaum, um sich selbst das Notwendigste zu besorgen. Wenn dann noch ein Hund oder ein Büsi ernährt werden müssen, führt das zu echten Problemen. Corinna kennt diese Situation. Die 41-Jährige verdient mit Putzen und Prospekte austragen monatlich unter 3.000 Franken. Ein Leben an der Armutsgrenze. Die Frau ist froh, dass es in Winterthur eine Tiertafel gibt, bei denen Bedürftige einmal pro Woche kostenlos Futter für ihre vierbeinigen Lieblinge beziehen können „Für mich ist dieses Angebot eine grosse Hilfe, weil mir und meiner Tochter so mehr Geld für andere Lebensmittel bleibt", schätzt Corinna die Einrichtung, die von Moni Baltensperger initiiert wurde und die unter anderem von Geschäften sowie von Susy Utzinger unterstützt wird. Rund 30 Menschen kommen regelmässig zur Ausgabestelle, die sich in einer schmalen, etwas abgelegenen Wohnstrasse in Winterthur-Töss befindet. Teilweise nehmen die Klienten, die vom Sozialamt einen Bescheid mitbringen müssen, sogar einen weiten Weg auf sich, um sich mit Tiernahrung eindecken zu können. Manche bringen extra einen Trolley mit. Ein Grund für den grossen Andrang ist, dass es in der Schweiz derzeit insgesamt nur zwei dieser Tiertafeln gibt. Neben Winterthur/ZH gibt es noch eine in Luzern. „In Bern soll in nächster Zeit eine entstehen", erklärt Moni Baltensperger, die sich unermüdlich für das Wohl der Tiere und ihrer Besitzer einsetzt.

Oft der einzige Bezugspunkt

Die Ware bezieht sie von Händlern, Tierärzten oder auch durch eigene Initiative. Meist wird das Futter in grossen Säcken mit zwölf oder fünfzehn Kilo gespendet. Oft handelt es sich um Nahrung, deren Haltbarkeitsdatum bald abläuft. „Die Qualität ist aber dennoch einwandfrei", versichert Moni Baltensperger. Auch Silvia ist an diesem Nachmittag wieder eine Kundin. Die 62-Jährige wirkt auffallend gepflegt und sehr gebildet. Dennoch hat die Rentnerin mit den Tücken des Systems zu kämpfen und erhält nicht mehr als 1.000 Franken Bezug. Ohne Hilfe müsste sie ihr Tier – eine ältere Katze - wohl ins Tierheim bringen. „So etwas wäre ganz schlimm",

Moni Baltensperger hat die Tiertafel Winterthur ins Leben gerufen

spricht es Moni Baltensperger aus dem Herzen. „Denn ohne ihre Tiere wären viele ganz allein und es ginge ihnen noch schlechter." Auch für Silvia ist ihr Tier der einzige Ansprechpartner geblieben. Anfangs hat sie sich sehr geschämt, dass sie auf die Tiertafel angewiesen ist. Mittlerweile ist die Scheu gewichen. „Ich weiss, dass ich Hilfe brauche und das ist nichts Schlimmes." Sie erkundigte sich sogar nach dem Gassentierarzt. Gerne nimmt sie die Guetzlis mit, die es heute noch extra gibt.

Hilfe mit Herz

Die Abgabemenge des Futters ist limitiert. Dennoch wird sie heute etwa 500 Beutel Katzenfutter über die Theke reichen. Einiges davon hat die engagierte Tierliebhaberin aus der eigenen Tasche bezahlt. „Manche Tiere brauchen spezielles Diätfutter", nennt sie den Grund dafür, „das ist bei den Spenden meist nicht dabei." Sie selbst liebt Tiere auch über alles. „Ich kann ohne sie nicht leben", gibt sie zu. Darum kann sie Aussagen wie „Arme haben kein Recht auf Haustiere" so nicht gelten lassen. Viele zeigen ihr, während sie das Futter einpacken, ein Foto ihres Lieblings. Manche bleiben am Tisch vor dem Ausgabecontainer sitzen und erzählen. Dabei schnappt die Initiatorin immer wieder auch Dinge auf, die sich die Hilfesuchenden manchmal nicht direkt ansprechen trauen. So schnappte Moni Baltensperger ganz zufällig auf, dass sich Silvia für ihre Katze einen Kratzbaum wünschte. Den organisierte sie über die Susy Utzinger Stiftung und schenkte ihn der bedürftigen Seniorin zu Weihnachten. „Ich habe ihr damit so viel Freude gemacht, dass sie sich nach den Feiertagen mit einer Orchidee bei mir bedankte."

Das eigene Glück teilen

Menschlichkeit, die mit nichts zu bezahlen ist. „Mir und meiner Familie geht es sehr gut", erzählt sie weiter. „Warum soll ich ein Stück meines Glückes nicht an andere weiter geben?" Ja! Warum nicht. Ob sich andere Menschen das auch fragen?

Tiertafel Winterthur
Monika Baltensperger
Ausgabestelle: Haustierservice Mogli
Auenrainstrasse 6
8406 Winterthur
Tel.: 079-2989452
Mail: moni.baltensperger@hispeed.ch
Web: www.tiertafel-winterthur.ch

Spendenkonto
Tiertafel Winterthur
PC-Konto: 25-887771-8
IBAN: CH38 0900 0000 2588 7771 8

Die Tiertafel Winterthur hat jeden Mittwochnachmittag geöffnet und unterstützt Tierhalter, die finanziell nicht in der Lage sind, ihre Haustiere gesund und artgerecht zu ernähren, mit Gratisfutter und Zubehör. Berücksichtigt werden Haushalte mit weniger als 3.000 Franken Nettoeinkommen. Nachweis erforderlich. Anmeldeformulare sind auf der Website.

Die Tiertafel Winterthur hilft mit Herz

Werbung

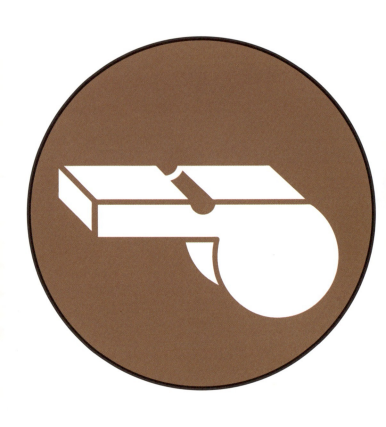

Sitz & Platz

Manchmal wäre ein „Sitz und Platz" für Zweibeiner wohl angebrachter als für unsere felligen Freunde. Denn das andere Ende der Leine ist oft mehr Problemfall als sein treuer Begleiter. Beispielsweise, wenn Frauchen oder Herrchen in der Hundeerziehung (noch immer) zu veralteten Methoden greifen. Dabei ist es längst erwiesen, dass positive Motivation und Gewaltfreiheit der beste Animator sind, um seinem Hund ein bestimmtes Verhalten beizubringen. Fred & Otto hat mit einem Pionier auf diesem Gebiet gesprochen. Und auch einen Dackel besucht, der seinem Frauchen sogar die Wäsche bringt.

Hundetrainerin Martina Schmölz bei der
Trüffelsuche über die Schulter geschaut

Genau den richtigen Riecher

Bei Trüffel scheiden sich die Geister. Die einen lieben den unterirdischen Schlauchpilz und wollen ihn immer wieder essen, für die anderen stinkt die Knolle zum Himmel. Martina Schmölz, die im wunderbaren Dintikon zu Hause ist, gehört zur ersteren Sorte. Sie liebt Trüffel und sie begibt sich auch regelmässig auf die Suche nach den teuren Delikatessen, für die schon mal zwischen 1.000 und 3.000 Franken pro Kilogramm bezahlt werden. Allerdings wäre ein Mensch niemals in der Lage, die unterirdisch wachsenden kulinarischen Bodenschätze aufzuspüren. Es fehlt ihm schlichtweg das notwendige Riechorgan dazu.

Anders ist dies bei Hunden. Ihre feine Nase mit über 300 Millionen Riechzellen kann speziell für die Trüffelsuche trainiert werden. Martina Schmölz' Münsterländer-Dame Asti und Rottweiler-Rüde Vitos sind mittlerweile wahre Profis darin. Wer Lust hat, kann sich mit Frauchen und den beiden Spürnasen auf Trüffelsuche begeben. Denn die gebürtige Leipzigerin bietet über ihre Hundeschule Doglife Lernspaziergänge, Halbtages- und Zweitages-Seminare an. 375 Franken kostet ein Seminar-Wochenende mit Verpflegung. Ein wenig Goldgräber-Stimmung inklusive.

Viel Geduld und Ausdauer

Doch Vorsicht! Wer glaubt, sich mit Trüffelsuche eine goldene Nase verdienen zu können, sollte sich lieber auf ein anderes Terrain begeben, als in die freie Natur. Denn es braucht neben dem ausreichenden Wissen und der gesammelten Erfahrung vor allem ganz viel Geduld, um überhaupt fündig zu werden. Das ist auch die Voraussetzung, die ein Suchhund mitbringen sollte. Er muss über genügend Ausdauer verfügen. „Manchmal werden nur 20 Gramm am Tag gefunden, manchmal sind es 100 Gramm und manchmal auch gar nichts", weiss die Expertin, für die das Erlebnis und die Beschäftigung ihrer Hunde klar im Vordergrund stehen. Bevor es überhaupt losgeht, wartet auf die Teilnehmenden zunächst ein Stück Theorie. Martina Schmölz erklärt ihnen, unter welchen Bedingungen Trüffel wachsen. Der edle Pilz lebt nämlich in enger Symbiose mit den feinen Wurzeln von Laubbäumen und

Ein selbstgemachter Dummy für die Trüffelsuche

Sträuchern wie etwa Eichen, Buchen und Haseln. Ausserdem gilt es auch einige Regeln zu beachten. „Wichtig ist beispielsweise, dass der Boden um die Trüffel nicht verletzt und nach dem Ausgraben das Loch im Boden wieder ganz verschlossen wird, sonst kann der Trüffel nicht nachwachsen", erklärt die Trainerin.

Für die Schnüffelnasen bastelt sie hingegen einen eigenen Duft-Dummy. Der Hund wird damit spielerisch auf den speziellen Geruch konditioniert. Hat er den Geruch suchen gelernt, vergräbt Martina Schmölz die präparierten Kapseln im Waldboden. Und schon machen sich die Vierbeiner daran, die Beute zu finden und auszugraben. Die Erfolgsquote dabei ist hoch. Acht von zehn Exponaten werden von den Hunden aufgespürt. Als Belohnung dafür gibt es ein grosses Lob, Leckerlis und Spiel.

Asti bekommt eine Belohnung

Kulinarisches Aha-Erlebnis

In der Deutschschweiz gibt es zwar weder den exklusiven schwarzen Perigord- noch den weissen Piemonttrüffel, doch auch der heimische Herbst- oder Burgunder-Trüffel erzielt einen stolzen Preis. Er gedeiht an den verschiedensten Plätzen. Martina Schmölz´ Liebe zu den geschmacklich streitbaren Knollen ist in ihrer Jugendzeit entstanden. Sie lernte die zu den teuersten Esswaren der Welt zählende Delikatesse im Rahmen eines Besuchs in Frankreich kennen. Das kulinarische Erlebnis hinterliess nachhaltige Spuren. „Einmal probiert, wollte ich diesen intensiven Geruch und Geschmack immer wieder haben", erinnert sie sich an das Aha-Ereignis zurück. Als sie dann vor zwölf Jahren in die Schweiz zog, konnte sie ihre Vorliebe wieder aufleben lassen. Denn in der Schweiz gibt es vielerlei Stellen, an denen Trüffel wachsen. Mehrmals in der Woche streift die Hundeliebhaberin mit ihren beiden Vierbeinern durch die verschiedenen Gebiete. Hauptsächlich auch wegen der Freude, die Asti und Vitos bei der Trüffelsuche haben. Und wenn es Frauchen dann am Abend nach dem unbeschreiblichen Geschmack dürstet, braucht sie nur zum Kühlschrank zu gehen. Ein wenig Trüffel lagert immer darin - und schon steigt der ausgeprägte Geruch in die Nase. Ohne dass sie dafür 300 Millionen Riechzellen braucht.

Doglife – ein Hundeleben lang
Martina Schmölz
Rohrstrasse 13
5606 Dintikon
Tel.: 079-5030431
Mail: info@doglife.ch
Web: www.doglife.ch

Werbung

Wartende Hunde
Barbara Wrede

Ein rührender Bildband für alle Hundefans - und treue Menschen!

Überall im Buchhandel
Mehr Infos unter
www.fredundotto.de
ISBN: 978-3-9815321-2-8

Martina Mädler lehrt die Grundlagen einer harmonischen Mensch-Hund-Beziehung

Fingerspitzengefühl

Martina Mädler führt die Hundeschule WHO LET THE DOGS OUT? in Zürich und arbeitet als Hunde- und Verhaltenstrainerin. Wir sprachen mit ihr über Benimmregeln, Körpersprache von Hund und Halter und über Detektivspiele im Wald.

Ist es einfach, einen Hund in der Stadt Zürich zu halten?

Weder für Hund noch für Halter ist es einfach. In Zürich gibt es viele Gesetze, die den Hundehalter unter Druck setzen. Sei es der Freiraum, wo man Hunde leinenlos laufen lassen kann oder seien es Benimmregeln. Ein Hund darf heutzutage ja nicht mal mehr bellen, ohne dass man böse angeschaut wird.

Wie gehen Hundehalter damit um?

Sie wollen Vorbilder sein, was mich freut, aber sie setzen damit zum Teil ihre Hunde unter Druck. Natürlich soll ein Hund erzogen sein, keine Frage. Aber man sollte in meinen Augen den Hund auch nicht überall hin mitnehmen. Ich dachte früher auch, mein Hund möchte immer bei mir sein. Ihn jedoch auf einen Feierabend-Drink mitzunehmen, ist meiner Ansicht nach überhaupt nicht tiergerecht.

Was sind die Anforderungen an einen Stadthund?

Hunde haben sehr sensible Sinne. Dem Halter ist oft nicht bewusst, was er von seinem Hund fordert, wenn er mit ihm durch die Stadt läuft. Ich denke dabei an die Geräuschkulisse, die optischen Reize, die enorme Geruchswelt, den heissen Asphalt im Sommer und die vielen Leute, die den Hund ungefragt anfassen. Oft habe ich Hunde aus dem Tierschutz oder auch Welpen im Training, die mit der Stadt überfordert sind. Man redet von Deprivation. Oder anders ausgedrückt: Kulturschock! Die Hunde sind nicht mehr in der Lage, die Reize mit genügend Ruhe zu verarbeiten und reagieren hochsensibel darauf. Es äussert sich in Unruhe und vielen Stresssymptomen. Ursachenbekämpfung fordert dann einiges.

Wo geben Sie Hundekurse?

In der Stadt Zürich gibt es unglaublich schöne, grüne und ruhige Orte. Es ist eine wundervolle Stadt und sie kann auch für Hunde toll sein. Ich unterrichte am liebsten im Höngger Wald. Ich suche mir Orte, wo es den Hunden wohl ist und der Halter ebenso Energie tanken kann. Zudem habe ich mich auf dem Hundeplatz der Stadt Zürich im Albisgütli eingemietet.

Martina Mädler

Was lernt man bei Ihnen in der Hundeschule?

Den Hund zu verstehen. Das ist mein grösstes Anliegen. Sich mit der Körpersprache von Hund und Halter auseinanderzusetzen und zu reflektieren, warum manche Sachen für den Hund schwierig sind. Ich arbeite dabei ohne Druck. Es geht doch vielmehr darum, das Fingerspitzengefühl zu entwickeln, wie man dem Hund in diversen Situationen gerecht wird. Ich finde es unglaublich entschleunigend, einen Hund zu halten in unserem hektischen Alltag. Sich dem Hund anzupassen ist wie Yoga.

Welche Kurse unterrichten Sie?

Einige. Welpen- und Junghundekurse, das sind die Basiskurse. Dann habe ich viele Spassgruppen, Vitality zum Beispiel, da geht's um unzählige Beschäftigungsmöglichkeiten, oder die Sherlock Nose Gruppe (Personensuche), da spielen wir Detektive im Wald. Neben den Gruppenkursen gebe ich auch Einzellektionen und biete Verhaltenstraining an.

Sie machen auch Präventionsarbeit?

Ja, ich durfte im letzten Jahr ein Projekt übernehmen. Es heisst „Züri Hünd sind Fründ". Da kommen Schulkinder zu mir auf den Hundeplatz. Am Morgen gibt's viel Theorie, wo ich den richtigen Umgang mit Hunden aufzeige. Am Nachmittag kommen Helferhunde und die Kinder haben die Möglichkeit, praktische Erfahrungen zu sammeln. Es sollte noch viel mehr im Bereich Prävention gemacht werden.

WHO LET THE DOGS OUT?
Hundeschule in der Stadt Zürich
(Höngg & Albisgütli)
Martina Mädler
Bäulistrasse 45
8049 Zürich
Tel.: 079-4028376
Mail: martina@wholetthedogsout.ch
Web: www.wholetthedogsout.ch

Die Hundeführschule von Max und Siw Heiniger
bietet gewaltlose Hundeausbildung an

Belohnen Sie noch oder bestärken Sie schon?

Frauen können das Leben eines Mannes ganz schön verändern. Bei Max Heiniger brauchte es dafür nur einen Satz: „Mich gibt es nur mit Hund", erklärte seine Herzensdame bestimmt und erntete von dem selbstbewussten Tweeny lediglich ein Achselzucken. Der Mann, der seit 1972 Hundesport betreibt, hatte damals noch keinen Vierbeiner.

Der 69-Jährige lacht, als er die Geschichte aus jungen Jahren zum Besten gibt. Längst hat ihn die Liebe von damals verlassen. Doch die Liebe zum Hund ist geblieben. Und nicht nur das – sie hat auch seinen weiteren Lebensweg bestimmt. Denn der im ersten Moment etwas knorrig wirkende Schweizer gilt weit über die Landesgrenzen hinaus als Pionier der gewaltlosen Hundeausbildung. Vor allem sein respektvoller und ruhiger Umgang mit den Fellnasen beeindruckt die Hundefreunde. Und bei seiner jetzigen Frau Siw traf er damit sogar mitten ins Herz. Gemeinsam führt das so unterschiedlich wirkende Ehepaar seit 2007 Die Hundeführschule in Wald/ZH.

```
Wie Mensch und Hund
ein Team werden
```

Was das Training mit Hunden betrifft, sind sich die beiden jedenfalls einig. Das Lernen orientiert sich streng an den Grundsätzen, die Siw und Max Heiniger gleichermassen teilen. Ganz oben auf der Liste steht dabei: Dem Hund dürfen niemals Angst oder Schmerzen zugefügt werden. Gefolgt von der Regel, dass Gewalt dort beginnt, wo Wissen endet. „Menschen und Hunde leben zwar auf derselben Erde, aber in verschiedenen Welten", gibt der Endsechziger einen Einblick in seine Gedankenwelt. Bedingt durch diese Tatsachen sei das Zusammenleben von Missverständnissen geprägt. „Unsere Art der Hundeausbildung beginnt deshalb beim Menschen", erklärt seine Ehefrau. Die 42-Jährige ist ebenfalls ausgebildete Hundetrainerin: „Daher müssen die Besitzer zuerst einen Sprachkurs absolvieren. Das heisst, der Mensch lernt hündisch und umgekehrt." Kurz: Sie lernen miteinander zu kommunizieren. Erst danach stehen ihnen alle Kurse, die in der Hundeführschule angeboten werden, offen.

```
Konditionieren wie Pawlow
```

Aber auch den guten alten Pawlow haben Siw und Max Heiniger wieder entstaubt. Sie nennen den berühmten Reflex ein Konditionieren, bei dem

Siw Heiniger mit Pepper auf dem Übungsplatz der Hundeführschule

dem Vierbeiner das gewünschte Verhalten antrainiert wird. „Einem Hund, der alle anderen Hunde lauthals anbellt, trainieren wir an, dass er stattdessen zum Besitzer kommen und ihn am Bein stupsen soll", nennt Heiniger ein Beispiel zum besseren Verständnis. Doch ganz so einfach, wie sich das jetzt aus dem Munde des Experten anhört, ist es dann doch nicht. Jede Verhaltensänderung bedeutet nämlich gleichzeitig auch hartes und konsequentes Arbeiten. „Und die einzige Regel dabei ist, dass es keine Regel gibt", sagt er es wieder mit einer gewissen Bärbeissigkeit und der Portion Humor in seinen Worten.

Die Hundeführschule
Max und Siw Heiniger
Rütistrasse 81
8636 Wald
Tel.: 055-2464148
Mail: info@hundefuehrschule.ch
Web: www.hundefuehrschule.ch

Die Zürcher Hunde-Plausch-Uni bietet abwechslungsreiche Beschäftigung für Stadthunde

Mehr als nur Tricks

Johanna von Koczian sang einst: „Das bisschen Haushalt macht sich von allein, sagt mein Mann." Bei Katrin Wenger hingegen heisst es treffender: „Das bisschen Haushalt macht mein Hund". Denn ihre fleissige Zwergdackel-Dame Gisi liebt es, die Wäsche aus der Waschmaschine zu holen, den Tisch abzuräumen oder Papiertaschentücher zu bringen, wenn jemand niest. Hört die drahtige Hündin das Kommando „Wösch", saust sie mit flatternden Ohren zur Waschmaschinen-Attrappe im Kinderformat, zieht an der Schnur, damit das Türchen aufgeht und schnappt sich eine buntgestreifte Socke. Stante pede dreht sie sich um die eigene Achse, flitzt fünf Stufen hoch und legt das gute Stück auf den Stewi, wie die Schweizer zu ihrem Wäscheständer sagen. Dann eilt sie zurück, um den nächsten Strumpf zu holen.

Beschäftigung macht glücklich

Für die zehnjährige Gisi ist dies ein Spiel, das ihre kognitiven Fähigkeiten herausfordert. Und für ihr Frauchen wiederum eine gute Möglichkeit, ihren Hund zu beschäftigen. Und ihn auch ohne lange Spaziergänge körperlich müde und geistig zufrieden zu machen. Ihre Gisi ist danach etwa gleich gerädert, als wäre sie drei oder vier Kilometer gelaufen. Gerade für Stadt- und Wohnungshunde ist diese Art von Beschäftigung, die viel Kopfarbeit und hohe Aufmerksamkeit erfordert, ideal. Aber auch Vierbeiner, die sich beispielsweise wegen einer Verletzung, einer Operation oder aus anderen Gründen schonen müssen, kommen auf ihre Rechnung. „Hunde brauchen Unterhaltung, nur dann sind sie glücklich", ist Katrin Wenger überzeugt. Vielfach wären die Tiere jedoch geistig unterfordert und Wenger weiß: „Man sieht es an ihrem leeren Blick."

Trickdogging im Lehrsaal

Vor zwei Jahren hat die ehemalige Fotografin am Baschlingplatz ihre eigene Hunde-Plausch-Uni gegründet. Nur unweit von der eigentlichen Zürcher Universität entfernt, können

Schnell flitzt Gisi die Treppe hoch, um Frauchen die Socke zu bringen

die intelligenten Fellnasen die hohe Kunst des Trickdoggings erlernen. In ihrem Lehrsaal stapeln sich Holzspielzeuge, WC-Rollen, Blumentöpfe, leere Plastikflaschen, Kuchenförmli aus Gummi und ähnliches Alltags-Equipment. Lauter Gegenstände, die mit Fantasie zu Beschäftigungsutensilien umfunktioniert werden können. Einfache Tricks sitzen mitunter rasch. Etwas Geduld und Ausdauer sollte man jedoch schon mitbringen. Denn es braucht Zeit, bis die Hunde lernen, wie man beispielsweise Gegenstände nach ihrer Form sortiert oder wie man ein Guetzli aus einer Papierrolle herauspult.

Übung macht den Meister

Die „Dozentin" achtet dabei auch genau auf den Bewegungsablauf. Es ist ihr wichtig, dass der Hund keine unnatürlichen Verrenkungen macht oder Übungen, die nicht artgerecht sind. Auf keinen Fall sollte der Hund zu etwas gezwungen werden. Das Zusammenspiel zwischen Zwei- und Vierbeiner soll vielmehr Hand in Hand gehen und beiden gleich viel Spass am Training bieten. Die Trickdogging-Expertin empfiehlt, nicht länger als eine Stunde pro Tag zu trainieren und die Übungen nicht öfter als drei- bis fünfmal zu wiederholen. Ansonsten geht die Lust schnell verloren. Es gilt: Steter Tropfen höhlt den Stein. Frei nach dem Motto „Übung macht den Meister" können mit der Zeit immer mehr Tricks erlernt werden. Katrin Wengers Gisi hat schon längst den Grad eines Bachelors und Masters erreicht. Und in Sachen Haushaltshilfe ist der aktiven Zwergdackel-Dame der Doktortitel ohnehin schon längst sicher.

Der Wäsche-Trick

Ein Jahr lang hat Gisi gebraucht, um den Wäsche-Trick zu lernen. Ihre Besitzerin, die eine bekennende Dackelliebhaberin ist, ging dabei Schritt für Schritt vor. „Zuerst wird nur gelernt, wie die Waschmaschinentüre zu öffnen ist", erklärt sie. Erst wenn der Hund diese Übung aus dem Effeff beherrscht, folgt der nächste Part.

Werbung

Clickertraining

Die Grundlage für den Lernerfolg bildet das Clickertraining. Dabei bedient sich die Trainerin eines knallfrosch-ähnlichen Dings, das beim Draufdrücken ein Klick-Klack-Geräusch von sich gibt. „Gisi hat natürlich schnell gelernt, dass dieser Laut ein Guetzli ankündigt und will mehr." Heisst: Sie ist bereit, dieselbe Übung nochmals und nochmals zu absolvieren. Natürlich hat der vierbeinige Vifzack seine Dissertation mit „summa cum laude" abgeschlossen – also mit Bestnoten.

Hunde-Plausch-Uni
Katrin Wenger
Plattenstrasse 92
8032 Zürich
Tel.: 079-2443986
Mail: katrin_wenger@bluewin.ch
Web: www.hunde-plausch-uni.ch

hunde-plausch-uni

Katrin Wenger
Plattenstr. 92
8032 Zürich
079 244 39 86
www.hunde-plausch-uni.ch

NPC ist einer der ältesten Hundesportvereine in Zürich

Vom Pudelclub zum Hundesportverein

Gestartet hat alles mit dem Pudelclub, der jährlich Hunderennen auf der Allmend durchführte. Diese Pudelrennen waren in Zürich legendär. Zahlreiche Zuschauer – darunter auch jede Menge Nicht-Hundebesitzer – kamen um sich dieses Schauspiel anzusehen. Die Faszination lag wahrscheinlich in der Einfachheit dieser Veranstaltung. Denn eigentlich mussten die Vierbeiner nur eine bestimmte Strecke möglichst schnell zurücklegen. Doch die Schnelligkeit und Fröhlichkeit – die die Hunde mit ihre Bewegung zum Ausdruck brachten – zeigte, dass den Pudeln das Rennen im Blut lag. Selbst Fotografen stürmten diese Veranstaltung. Und noch heute gibt es historische Bilder dieses beliebten Hunde-Events.

Offen für alle Hunderassen

Für den NPC Hundesport Zürich waren diese Pudelrennen weit mehr als nur eine Veranstaltung. Sie sind ein Teil der Historie des Hundesportvereins, der mit seinen über 60 Jahren mit zu den ältesten in Zürich zählt. 1952 lud der NPC Hundesport Zürich zum ersten Mal zum Wettstreit ein. Vor über 20 Jahren änderte sich der Name von Pudelclub auf „NPC Hundesport Zürich" (NPC = Neuer Pudelclub). Damit setzte man ein Zeichen und beschränkte die Teilnahme an allen Aktivitäten des Vereins nicht nur auf Pudel, sondern öffnete sich explizit allen Hunderassen.

Das Miteinander zwischen Mensch und Hund fördern

„Überhaupt hat sich unser Verein der Philosophie verschrieben, das Miteinander von Mensch und Hund zu fördern", sagt Präsidentin Barbara Eglin. „Es ist immer wichtiger, dass sich unsere Hunde harmonisch in unsere Gesellschaft einfügen. Das wird durch gezielte Erziehungsmassnahmen und entsprechende Beschäftigung mit unseren Hunden erreicht." Das Kursangebot ist daher sehr abwechslungsreich. Angefangen von den diversen obligatorischen Erziehungs-Kursen (SKN Theorie und Praxis, Junghund etc.) über die Ausbildung für Familienhunde, Rückruf/Antijagd Training, Agility, Rally Obedience, Dogdance, Kreatives Clicken bis hin zu diversen sogenannten Plaustrainings und

Seit Jahrzehnten ein aktives Vereinsleben für alle Hunderassen und deren Halter

SpassSport. Zusätzlich werden neuerdings Kurse für die „Grauen Schnauzen" angeboten, um auch den älteren Hundesemestern eine geeignete Mischung aus Bewegung, Koordination und muskelkräftigenden Übungen anzubieten.

```
Rund 500 Kurs-Teilnehmer
pro Jahr
```

Deshalb ist es kein Wunder, dass beim NPC Hundesport Zürich rund 500 Hundehalter pro Jahr an den Kursen teilnehmen. Auch die Kurs-Leiter tragen dazu bei. Sie bilden sich laufend in renommierten und vom Bund anerkannten Institutionen weiter.

Übrigens: auf dem Hundeplatz ist immer etwas los! Einfach einen Blick auf die Homepage werfen.

NPC Hundesport Zürich
Barbara Eglin (Präsidentin)
Michelstrasse 5
8049 Zürich
Tel.: 079-6303389
Mail: sekretariat@npc-hundesport-zuerich.ch
Web: www.npc-hundesport-zuerich.ch

Hundeplatz:
Das sicher eingezäunte Gelände bietet den Hunden die immer seltener werdenden Gelegenheiten, sich artgerecht und frei bewegen zu können. Es befindet sich gut erreichbar hinter dem Hotel Ibis Adliswil in Zürich Wollishofen. Ein Lageplan ist auf der Internet-Seite des NPC verfügbar.

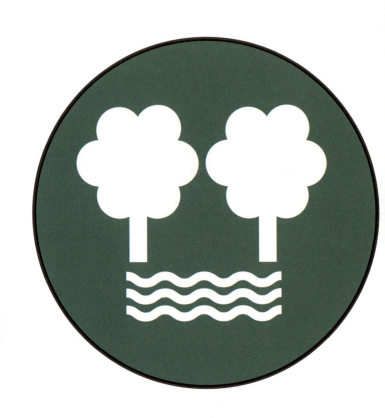

Gassi & Co.

Bei diesem Wetter schickt man nicht mal einen Hund vor die Tür! Denkste! Hundebesitzer müssen sich im Klaren sein, dass auch Regen und eisige Kälte kein Grund sind, um in den eigenen vier Wänden zu bleiben. Die Hundewelt will schliesslich auch dann entdeckt werden, wenn sie nass und unwirsch ist. Aber der Wettergott in Zürich und Umgebung hat ja glücklicherweise meistens Einsicht und macht das Promenieren durch die Stadt oder das Wandern durch die zu Füssen liegende Natur zu einem Erlebnis für Zwei- und Vierbeiner. Auf den folgenden Seiten finden Sie so manchen Geheimtipp. Und auch eine Antwort darauf, was es für eine Lösung gibt, wenn für das grosse Geschäft ihres Lieblings weit und breit kein Robidog in Sicht ist.

Véronique Hufschmid betreibt seit drei Jahren ein kleines Tierheim in Sisseln

Im Rudel leben

Das Tierheim Be-Pet liegt in Sisseln im Kanton Aargau, einer kleinen Ortschaft am Rhein zwischen Stein-Säckingen und Laufenburg. Die Idee zum Tierheim entstand aus einer Notlage. Da Véronique Hufschmid schon seit längerer Zeit einigen Tierorganisationen als Pflegestelle für Hunde zur Verfügung stand, musste sie, um der neuen Tierschutzgesetzgebung zu entsprechen, die Tierpflegerinnenausbildung absolvieren. Nach erfolgreichem Abschluss der Ausbildung war es nur noch ein kleiner Schritt, um die kantonale Tierheimzulassung zu erlangen. Ihre Erfahrungen sind sehr weitgreifend, da sie zudem nicht nur Tierpsychologin ist, sondern auch als Tierhomöopathin arbeitet.

Tages- oder Ferienhunde

Zurzeit sind im Be-Pet zwei Hunde und elf Katzen Verzicht- oder Findeltiere, die anderen Tiere sind eigene, verbringen ihre Ferien hier oder sind Tageshunde, deren Halterinnen und Halter berufstätig sind und ihre Tiere nicht an den Arbeitsplatz mitnehmen können und die Tiere auch nicht alleine zu Hause lassen wollen.

Sämtliche Tiere leben im Tierheim Be-Pet mit Familienanschluss. Hier gibt es weder Zwinger noch Boxen, die Katzen und Hunde nehmen also an Hufschmids Familienleben teil und werden im Gross-Rudel gehalten. Daher nimmt Véronique auch nur Hunde als Ferien- oder Tageshunde auf, die ins Hunderudel passen und sich mit den Katzen arrangieren. – Übrigens, Hunde haben zwar einen Jagdtrieb, die Geschichten, dass sich Hunde und Katzen nicht verstehen, oder nicht miteinander auskommen, gehören aber wohl ins Reich der Märchen. Véronique hat jedenfalls ganz andere Erfahrungen gemacht.

Rundum-Versorgung, bei der kaum Tierwünsche offen bleiben

Hunde und Katzen können sich im Erdgeschoss des Tierheims frei bewegen, den Katzen steht ausserdem ein eigenes Katzenzimmer im Dachgeschoss zur Verfügung. Selbstverständlich dürfen die Katzen nach Lust und Laune auch ihre Zeit im Freien verbringen. Auch den Hunden steht ein eingezäunter, 200 Quadratmeter grosser Garten zur Verfügung. Mindestens zwei grössere tägliche Spaziergänge mit sämtlichen Hunden gehören im Be-Pet zur Tagesordnung. Quarantänezimmer sind natürlich Pflicht im Tierheim. Pflicht ist auch, dass sämtliche Tiere, auch Ferien- oder Tageshunde, über die notwendigen Impfungen verfügen. Kommt es dennoch mal zu kleinen Wehwehchen,

Véronique Hufschmid (l.) und Zita Strebel haben es sich mit den Hunden im Wohnzimmer gemütlich gemacht

Durchfall oder ähnlichem, kann die Tierhomöopathin entsprechend Abhilfe schaffen. Da Hunde und Katzen sehr sensibel auf Naturmedizin reagieren, können viele Erkrankungen und Unpässlichkeiten durch Homöopathie behandelt oder unterstützt werden.
Damit die Hunde genauso gut wie zu Hause betreut werden, erkundigt sich Véronique auch ausführlich über ihre Gewohnheiten, die Ernährung, spezielles Verhalten und Vorlieben. „Jury beispielsweise freut sich so sehr aufs Herkommen, dass er viel zu aufgeregt ist und zu Hause sein Futter gar nicht mehr anrührt", erzählt sie von einem ihrer Gasthunde, „er frisst dann gemeinsam mit den anderen Hunden bei mir."

Unterstützung bei Verhaltensproblemen

Die meisten Verhaltensprobleme von Hund und Katze können relativ leicht verhindert oder vermieden werden, wenn man weiss wie damit umgegangen werden muss. Als diplomierte Tierpsychologin kann Véronique Hufschmid auch in solchen Situationen Unterstützung bieten. Wichtig ist, dass störendes oder abnormes Verhalten so früh wie möglich erkannt und therapiert wird, so sind die Erfolgschancen am grössten. Unterstützt wird Véronique Hufschmid von ihrer Mitarbeiterin Zita Strebel – eine gelernte Tierarzthelferin und Bachblütenberaterin. Sie übernimmt auch zwei bis drei Mal in der Woche das Gassi gehen.

Die Plätze sind begehrt

Mehr als drei Hunde werden nie gleichzeitig ausgeführt, sagt Véronique Hufschmid. „So ist es möglich, dass sie sich richtig austoben können und ich sie trotzdem im Auge behalten kann. Manche Hunde kommen einfach, weil sie das Rudel und die gemeinsamen Aktivitäten mögen", wissen die beiden, die neben den Tageshunden auch noch Feriengäste betreuen. Ihr Tipp: „Früh genug anmelden! Die Plätze sind begehrt."

Spenden sind immer willkommen

Übrigens, da es in der Schweiz keine Zuschüsse an Tierheime durch staatliche Institutionen gibt, finanziert Véronique Hufschmid ihr Tierheim selber. Einen Teil der Aufwendungen kann sie mit den Einnahmen aus Ferienplätzen und Tagesplätzen abdecken, die restlichen Ausgaben bestreitet sie aus ihrem eigenen Portemonnaie – Zustupfe in Form von Spenden sind immer herzlich willkommen.

Be-Pet Tierheim und Tierbetreuung
Véronique Hufschmid
Rehweg 1
4334 Sisseln
Tel.: 062-8740725
Mobil: 079-6016751
Mail: hufschmid7@hispeed.ch
Web: www.be-pet.ch

Spendenkonto
Be-Pet Tierheim und Tierbetreuung
Raiffeisenbank Regio Frick
IBAN: CH54 8069 1000 0056 2933 3

Brigitte Bärtschi-Waldner stellt hundegerechtes Spielzeug her

Für Hundeschnauzen gemacht

Das Wichtigste bei einem Hundespielzeug ist, dass das Material passt. Es muss sozusagen hundegerecht sein – oder sollte man besser mundgerecht sagen? Denn wie kleine Kinder, nehmen auch unsere Fellnasen ihre Spielis mit Vorliebe in die Schnauze. „Herkömmliche Seile, die in vielen Geschäften verkauft werden, können dabei jedoch sogar tödlich für den Vierbeiner sein", warnt Brigitte Bärtschi-Waldner vor ernsthaften Folgen. Denn wenn sich einzelne Fäden lösen, können sich diese im Maul oder im Magen verhaken. Oder sie können unter Umständen auch Zähne beschädigen. Ein weiterer Aspekt ist, dass bei der Auswahl des Spielzeugs die Grössenverhältnisse stimmen sollten. So wird ein Chihuahua wenig mit einem XXL-Ball anfangen können. Umgekehrt ist für eine Dogge die Miniversion ungeeignet.

Tester für Prototypen

Doch wer, als die Vierbeiner selbst, eignet sich besser als Tester für Hundespielzeug. Im Fall der 37-jährigen Aargauerin, die in Möhlin auch noch ihre mobile Hundeschule

Brigitte Bärtschi-Waldner und ihr Hundespielzeug

Ausgeglichener Hund betreibt, sind das ihr Appenzeller-Mischling Noreia und die aus der Ukraine stammende Hündin Hope. Wenn ihre Besitzerin wieder einmal etwas Neues entwirft, dürfen die beiden schon mal einen Prototyp ausprobieren. „Besonders Hope liebt es, wenn sie ein Übungsstück bekommt und es so richtig rumschütteln kann", sagt die ausgebildete Verhaltenstherapeutin für Hunde mit einem Schmunzeln. Kein Ball ist vor der liebenswerten ehemaligen Strassenhündin sicher. Sie kann sich beim Spielen damit so richtig austoben.

Bälle mit Stabilität

Auf die Idee, selbst Spielzeuge für Hunde zu entwerfen, kam Brigitte Bärtschi-Waldner über ein soziales Netzwerk im Internet. „Ich habe über das Material Fleece gelesen und eine Knüpfanleitung gefunden. Also habe ich es gleich selbst ausprobiert." Mittlerweile hat die agile Frau viel Routine darin, aus diesem Material tolle Hundespiele herzustellen. Mit wenigen Handgriffen formt sie aus dem sehr robusten Material Ringe, Schlaufen oder Seile in den verschiedensten Grössen und Farben. „Die Hunde lieben es, damit zu spielen. Sie eignen sich zum Zerren genauso gut wie zum Apportieren. Und", fügt sie hinzu, „es ist ein Nackenschonendes Zerren, da das Spiel elastisch ist und nachgibt." Am weichen Stoff kauen die kuscheligen Fellnasen gerne herum. Deshalb eignet er sich auch bestens für Welpen. Etwa, wenn sie zu zahnen beginnen. Beliebt sind dabei die mit Fleece gefüllten Häkelbälle, die die Zähne nicht beschädigen. Das Aussenmaterial ist ein Gemisch aus Baumwolle und Leinen. Es verleiht den Bällen Stabilität. Bestellt werden kann das handgemachte, hundegerechte Spielzeug über ihre Website.

Schwimmendes Spielzeug

Ihre neueste Kreation sind schwimmende Bälle. Genau das Richtige für ihre sechsjährige Noreia, die das nasse Element liebt. „Vorausgesetzt, sie hat eine Schwimmweste an", ergänzt Brigitte. Ihr Strahlen in den Augen beweist, dass zwischen Zwei- und Vierbeiner eine innige Beziehung herrscht. Dem Namen ihrer Hundeschule Ausgeglichener Hund macht die Mittdreissigerin jedenfalls alle Ehre. „Es ist für mich das grösste Glück, dass ich mit Hunden arbeiten darf", sagt die positiv denkende Frau. Dieser Spirit überträgt sich auch auf den besten Freund des Menschen. Und wenn sie mit ihnen arbeitet, darf natürlich das selbstgemachte Spielzeug nicht fehlen.

Mobile Hundeschule
Ausgeglichener Hund
Brigitte Bärtschi-Waldner
4313 Möhlin
Tel.: 076-3670018
Mail: info@ausgeglichenerhund.ch
Web: www.ausgeglichenerhund.ch

Werbung

Werbung

Christina Zweifel hat eine praktische Hundekot-Tasche erfunden

Das grosse Geschäft in der Tasche

Für viele Hundebesitzer ist das ein bekanntes Problem: Sie sind mit ihrem vierbeinigen Begleiter unterwegs und er hat gerade sein grosses Geschäft verrichtet. Als pflichtbewusster Hundehalter lassen Sie natürlich die Hinterlassenschaft nicht liegen. Doch weit und breit ist kein Abfalleimer in Sicht. Das bedeutet sinngemäss nichts anderes, als längere Zeit etwas mit sich herumtragen zu müssen, dass man eigentlich so schnell wie möglich entsorgen möchte. So erging es auch der Hundehalterin Christina Zweifel. „Exakt zwei Stunden und 53 Minuten waren der absolute Rekord", erinnert sie sich an dieses unangenehme Erlebnis. „Da habe ich doch lieber andere Dinge in Händen."

Leicht und praktisch

Die gelernte Schneiderin, die mit ihrem bewegungsfreudigen Jack Russell-Mischling Mona gerne in ländlichen Gegenden oder im Voralpengebiet unterwegs ist, haderte jedoch nicht lange herum. Vielmehr erfand sie eine praktische Lösung für dieses Problem. Sie kreierte eine leichte Hundekot-Tasche. Kurz Huko-Tasche genannt. Diese lässt sich aufgrund ihres verstellbaren Riemens locker diagonal umhängen und bietet genügend Platz für volle Säckchen, auch wenn mehrere Hunde mit von der Partie sind.

Wetterunempfindliches Material

Christina Zweifel, die von Berufswegen gewohnt ist, praktisch zu denken, dachte zuerst über die funktionellen Anforderungen nach. „Daraus haben sich dann die Grösse und die Form ergeben", erklärt die aus dem Kanton Zürich stammende Schweizerin. Natürlich hat die erfinderische Hundeliebhaberin verschiedene Möglichkeiten ausprobiert. „Bauchtäschli fand ich nicht so praktisch, weil da eher persönliche Sachen und Hundeguetsli drin sind." Auch ihre Jackentasche musste herhalten. Daraus ergab sich die Idee, etwas anzufertigen, das sich wegen des Geruchs nach hinten schieben lässt. Die aus PVC bestehende Tasche ist robust, wetterunempfindlich und hält auch innen einer feuchten Reinigung stand. Damit der delikate Inhalt nicht zum Himmel stinkt, gibt es ausserdem einen Reissverschluss. Das Einsteckfach, das sich hingegen aussen befindet, ist für den Beutelvorrat gedacht.

Die Huko-Tasche ist nicht nur praktisch, sie sieht auch noch gut aus

CiGBOX – Der Aschenbecher für unterwegs

Die erfinderische Frau hat aber auch noch an alle Raucher gedacht. Denn Hundebesitzer sind sich der Problematik mit den weggeworfenen giftigen Stummeln in der Natur sehr wohl bewusst, die am Ende auch den Vierbeinern sehr schaden. Doch einen Aschenbecher findet man bekanntlich noch weniger als einen Abfalleimer. So entstand die CiGBOX. Ein Aschenbecher, gross genug für mehrere Stummel, klein genug zum Mitnehmen. Er lässt sich mit einem Karabinerhaken an eine Gurtschlaufe oder einen Rucksack anhängen oder mit einem Clip an der Hosentasche befestigen. Beide Produkte können bequem online bestellt werden und kosten jeweils zwischen neun und zehn Franken.

CiGBOX / Huko-Tasche
Christina Zweifel
Postfach 20
8442 Hettlingen
Tel.: 052-3011650
Mail: info@cig-box.ch
Web: www.cig-box.ch
Web: www.huko-tasche.ch

Mit Zürcher Hunden die Natur entdecken

Abwechslungsreiche Wander- und Spaziertouren

Zürich zu Fuss: Das bedeutet 465.000 Schritte zu tun. Oder in Kalorien ausgedrückt: 1.000 Stück Würfelzucker zu verbrennen. Denn die Weltstadt, die eingebettet ist zwischen hohen alpinen Hügeln, Wald und mediterran anmutendem Seeufern, zählt über 230 Kilometer Fuss- und Wanderwege. Was Hund und Hundefreund jedoch besonders begeistert, ist die Abwechslung, die so richtig Lust aufs Loslaufen macht: Ob durch die raue alpine Fallätsche am Uetliberg, mit Weitsicht am Hönggerberg, entlang den abwechslungsreichen Ufern der Limmat, mit Blick in die Weite in der Allmend Brunau oder in den kühlen Wäldern am Zürichberg – jeden Tag gibt es Neues zu entdecken.

Wandern im Kanton Zürich

Und damit noch nicht genug: Den ganzen Kanton miteingerechnet, steht nochmals eine Länge von 2.770 Kilometer Wanderwegen zur Verfügung. Aber hier haben wir mit dem Zählen der Schritte aufgehört.

Gesetze in der Schweiz

- Im Schweizerischen Nationalpark im Engadin sind Hunde nicht erlaubt
- In Wäldern und Waldrändern besteht während der Setzzeit der Rehe vom 1. April bis 31. Juli Leinenzwang
- Beim Wandern durch Tierweiden sind die Hunde an der Leine zu halten
- Hunde dürfen nicht in Brunnen baden, woraus Kühe trinken
- Begegnung mit Kühen auf der Weide; Empfehlung für Wandernde:
- Halten Sie Distanz zu den Rindern
- Kälber auf keinen Fall berühren
- Hunde an der Leine führen und im Notfall loslassen

Checkliste für eine Wandertour

An was Sie denken sollten, bevor es losgeht:

- Wassernapf (Faltnapf oder Klappflasche)
- Kotbeutel
- Hundeleckerli & Hundefutter
- Erste-Hilfe-Tasche
- Stabile Leine (plus eventuell Jogginggurt)
- Geschirr und/oder Halsband
- Beschriftung am Geschirr / Halsband (Name, Telefonnummer)
- Bei Bedarf einen Maulkorb
- Zeckenzange
- Pfotensalbe
- Notfallnummern (Tierarzt und Notruf)
- EU-Impfausweis (im Ausland)

Tour 1: Büchner und der Elefant
Martina und Anakin erobern den Züriwald

- Tram-Station „Seilbahn Rigiblick"
  Ziel: Tram-Station „Burgwies, Wittikon"
- Tram 9 und 10
- in der Nähe der Tram-Station „Seilbahn Rigiblick" gibt es ausreichend Parkplätze in der blauen Zone
- 2,5-3,5 Stunden / je nach Tourlänge
- Die Route kann beim Zürcher Zoo abgekürzt werden. Von dort führt die Tram Nr. 6 in Richtung Stadt
- Wirtschaft Degenried
  Degenriedstrasse 135
  8032 Zürich
  Tel.: 044-3815180
  Mail: info@degenried.ch
  Web: www.degenried.ch

An dieser Stelle erinnert ein Denkmal an den Schlachterfolg von Napoleon über die Russen und Österreicher. Der französische Kaiser liess daraufhin den Namen der Stadt Dietikon im Pariser Triumphbogen einmeisseln

„WHO LET THE DOGS OUT?", heisst die Hundeschule von Martina Mädler. Die wanderbegeisterte Zürcherin weiss, wo ihr Parson-Russell-Rüde Anakin diesem Slogan voll gerecht werden kann. Nämlich im riesigen Züri-Wald, den man mit der Standseilbahn, die von der Tramstation „Seilbahn Rigiblick" wegführt, innerhalb von wenigen Minuten erreicht. Im frei zugänglichen Gebiet herrscht keine Leinenpflicht – ausser wenn Schonzeit für das Wild ist.

Von der Tram-Station aus geht es auf gut ausgeschilderten Wegen quer durch den Wald bis man das Restaurant Zürichberg erreicht. Höchste Zeit für die erste Kaffeepause. Über den Dolder geht es dann weiter in die Wirtschaft Degenried. Das Gasthaus liegt mitten im Wald und ist urgemütlich im Hüttenzauber-Chic eingerichtet. Auch einen kulinarischen Tipp hat Martina Mädler da auf Lager: „Wir essen am liebsten die Hörnli in den verschiedenen Varianten." Voller neuer Energie wandern die beiden entlang dem Elefantenbach zurück in die Stadt – der Legende nach hat dort Hannibal die Alpen überquert. Anakin nützt den Bach hingegen zum Planschen und Abkühlen. Der Bach führt hinunter bis vor die Station Burgwies, wo es mit der Tram zurückgeht.

Tour 2: Iris und der heisse Wiediker Hund

Ein historischer und kulinarischer Ausflugstipp von Alexandra und Joschi

›› Seestrasse, Alfred-Escher-Strasse, Mythenquai

🚋 Tram 7

🅿 Seestraße oder Alfred-Escher-Strasse (gebührenpflichtig)
Dauer/Tourenlänge: variabel

🍴 Quai 61
Mythenquai 61
8002 Zürich
Tel.: 044-4056161
Mail: info@quai61.ch
Web: www.quai61.ch

Die grösste in sich geschlossene Parkanlage der Stadt Zürich befindet sich im Stadtteil Enge. Auch für Alexandra und ihren quirligen Bolonka Zwetna-Rüden Joschi sind die weiten Wiesenflächen, grossen Wasserbecken und ruhigen beschaulichen Bereiche mit einladenden Parkbänken ein besonderer Erholungsraum. Eine Einkehr ins Restaurant Belvoirpark gehört dabei beinahe zum Pflichtprogramm. Schräg gegenüber befindet sich die Sukkulenten-Sammlung Zürich. 25.000 exotische Pflanzen in rund 6.500 Arten gibt es dort zu bewundern. Hunde dürfen hier mitgenommen werden. Allerdings ist wegen der Stacheln Vorsicht geboten. Praktisch ums Eck befindet sich das Quai 61. Ob in der Bar, auf dem Sonnendeck, im Garten, im Plätzli oder im Restaurant – im weltoffenen und nautisch angehauchten Ambiente fühlen sich auch die Vierbeiner wohl. Hier direkt am Zürichsee kommt Urlaubsfeeling auf. Ein Tipp für Zweibeiner und Vierbeiner: der heisse Wiediker Hund, ein Hotdog mit Wiediker-Wurst und mit saftigem Chabis, Gurke und nach Wunsch mit Pommes.

Joschi findet einen Kameraden zum Spielen

Tour 3: Ein herrliches Naturerlebnis – Wandern von der Allmend Brunau bis zum Sihlwald

- 🏁 Stadion Saalsporthalle
- 🚊 Tram 5 und 13 oder Sihltal-Bahn S4
- 🅿 Parkplätze Allmend, Saalsporthalle oder im Parkhaus: Sihlcity oder Brunaupark (kostenpflichtig)
- ⏱ variabel
- 🍴 Fork & Bottle
  Allmendstrasse 20
  8002 Zürich
  Tel. 044-2011817
  Mail: mike@forkandbottle.ch
  Web: www.forkandbottle.ch

Zorro legt das Tempo vor

Die Wanderung, ein Tipp von Nicole und Roger mit ihrem Goldendoodle-Rüden Zorro, startet an der Allmend Brunau, einem der grössten Erholungsräume der Stadt Zürich. Von dort geht es zu den Sihluferwegen, die ein herrliches Naturerlebnis bieten. Linkseitig können sich die Hunde frei bewegen, es besteht keine Leinenpflicht. Die zweistündige Tour führt in das Naturschutzgebiet des Sihlwaldes. Allerdings gilt hier Leinenpflicht, die allerdings meist weder eingehalten noch kontrolliert wird. Im Sommer empfiehlt sich das Verweilen am Ufer, denn es gibt hier teilweise sehr idyllische Stellen zum Baden. Im Winter hingegen bietet die Sihl zudem ein eindrückliches Naturschauspiel. Je nachdem, wie lange und wie weit die Tour gehen soll, kann man an den Stationen Brunau, Manegg, Leimbach, Sod-Oberleimbach, Adliswil, Sihlau, Wildpark-Höfli, Langnau-Gattion oder Sihlwald wieder mit der S4 den Ausgangspunkt erreichen. Wer durstig ist, sollte unbedingt im Fork & Bottle einkehren – das Wirtshaus hat eine herrliche Sonnenterrasse und serviert eine grosse Auswahl an verschiedenen Biersorten. Serviert im originalen Glas, teils mit lustigen Sprüchen verziert, da macht das Trinken gleich noch mehr Spass.

Tour 4: Idyllisch am Bergweiher entlang

- 〉〉 Postautostation Moorschwand
- 🚌 Postautolinie 150 (Abfahrt vom Bahnhof Horgen)
- 🅿 Bahnhof Horgen
- 🕐 1-2 Stunden / je nach Tourlänge
- 🍴 Restaurant Wiesenthal
  Wührenbach
  8815 Horgenberg
  Tel.: 044-7254769
  Web: www.wiesenthal-horgen.ch

  Restaurant Schwzyzerhüsle
  Bergstrasse 125
  8815 Horgenberg
  Tel.: 044-7254747
  Web: www.rest-schwyzerhuesli.ch

Der Horgener Bergweiher ist ein Kleinod, in dem man auch baden kann. Von der Postauto-Station Moorschwand aus führt eine Wanderung am Waldrand entlang direkt zum Horgener Bergweiher. Besonders an heissen Tagen ist dieser rund 4,3 Hektar grosse Teich ein willkommenes Nass, in dem sich Zwei- und Vierbeiner genüsslich abkühlen können. Doch Vorsicht: Der südliche Teil des Weihers liegt zur Gänze in einer Schutzzone, die einer artenreichen Fauna und Flora vorbehalten ist. Das Baden ist dort gänzlich untersagt. Die Badezonen befinden sich im nordöstlichen Teil. Allein schon der Anblick der Gegend offenbart sich als Augenweide. Besonders schön ist es am Morgen, wenn in der Stille der Landschaft die Natur an allen Ecken und Enden hörbar ist. Wer will, kann den idyllischen Bergweiher auch umrunden und je nach Kondition ab der Station Vorderklausen mit dem Postauto 150 zurück nach Horgen fahren oder wieder zurück in die rund eine Viertelstunde entfernte Station Moorschwand laufen. Nur fünf Minuten vom Bergweiher entfernt befinden sich mit dem Wiesenthal und dem Schwyzerhüsli auch zwei Restaurants mit Gastgarten beziehungsweise Terrasse.

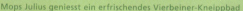

Mops Julius geniesst ein erfrischendes Vierbeiner-Kneippbad

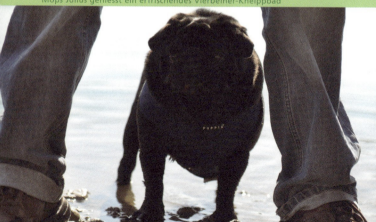

Tour 5: Zwei Himmelhunde auf dem Weg zur Hölle – Werner und Timi in den Höllgrotten im Lorzentobel

-)) Lorzentobel bei Baar/ZG
- mit S-Bahn oder Zug zum Bahnhof Baar oder mit dem Bus 2 bis zur Haltestelle Lorzentobelbrücke
- vor dem Eingang gibt es ausreichend Parkplätze
- Öffnungszeiten 1. April bis 31. Oktober, täglich 9 bis 17 Uhr
- 1-2 Stunden / variabel
- Waldrestaurant Höllgrotten
  Telefon 041-7616605
  Web: www.hoellgrotten.ch

Cerberus, der Höllenhund aus der griechischen Mythologie, hätte sicher seinen Spass daran. Denn im wildromantischen Lorzentobel im Kanton Zug können Mensch und Hund in eine jahrtausendealte Unterwelt steigen und dabei in eine einzigartige Höhlenlandschaft tauchen. Bizarre Gesteinsformen leuchten in bunt wechselnden Farben und machen die scheinbar verwunschenen Schönheiten sichtbar. Es erinnert ein wenig an eine Geisterbahnfahrt – einen Schaudereffekt inbegriffen. Das Geräusch stetig nachsickernden Wassers erzeugt einen endlosen Widerhall. Die Höllgrotten machen eben ihrem Namen alle Ehre, erzählt Werner nach seinem Gang durch die Höhlen. Sein Hund Timi betrachtet das Ganze mit gemischten Gefühlen. Zwei Himmelhunde auf dem Weg zur Hölle – das scheint für Zwei- und Vierbeiner gleichermassen Abenteuer zu sein. Ob sie dabei auf der einstündigen Höllentour tatsächlich auf Cerberus gestossen sind, bleibt ihr Geheimnis. Nur so viel sei verraten: zumindest Herrchen musste sich hernach mit einem Höllbier laben, ehe es dem Ufer der Lorze entlang mit dem Zug wieder nach Hause ging.

Timi ist sich noch nicht ganz sicher, was er von dieser Tour halten soll

Die Dampflok wird für die nächste Fahrt umgehängt

> **Tour 6:** **Mit Volldampf den Schienen entlang – Historische Bahnfahrt von Bauma nach Hinwil**
>
> 〉〉 Bauma oder Hinwil
> Ⓗ S14 und S26
> Ⓟ Bauma oder Hinwil
> 🕒 ca. 50 Minuten / 4 km
> ● von Mai bis Oktober (jeweils 1. und 3. Sonntag im Monat)
> 🍽 Buffetwagen im Museums-Zug
> Web: www.dvzo.ch

Die Museumsbahn auf der geschichtsträchtigen Strecke von Bauma im Tösstal über Bäretswil nach Hinwil gilt als eines der schönsten Verkehrsmittel der Schweiz. Mit Dampf, Rauch und Russ fährt der liebevoll restaurierte Zug an jedem ersten und dritten Sonntag von Mai bis Oktober im Jahr Ausflügler durchs Zürcher Oberland. Hunde inklusive, die sogar gratis mitfahren dürfen. Im Buffetwagen kann sogar ein Tisch für einen Apéro oder Zvieri reserviert werden. Doch bevor es in den Waggon geht, lohnt sich der Blick auf das historische Bahnhofsgebäude. Die Fahrt gleicht einer Reise in die Vergangenheit und führt an Bächen, Weihern und geschichtsträchtigen Industrieanlagen vorbei.

Die verschiedenen Stationen sind idealer Ausgangs- oder Zielpunkt für Wanderungen. Ein Zwischenstopp bietet sich im Bahnhof Neuthal an. Werner und Timi nutzen die Möglichkeit auf ein Käfeli gleich an der Glärnischstrasse, um dann zu Fuss den Schienen entlang rund 35 Minuten lang nach Bäretswil zu gehen und dort in die Bahn zu steigen. Zwei- und Vierbeiner mit genügend Dampf in der Lunge können auch die ganze Strecke zu Fuss gehen. Für einen Weg müssen dafür aber rund zwei Stunden einkalkuliert werden.

Tour 7: Auf der Insel der Stille – Mitten im Zürichsee liegt ein Naturparadies

-))) Uferlandesteg Insel Ufenau
- 🚌 ab Zürich (Bürkliplatz) oder Rapperswil ZSG mit dem Schiff (täglich von April bis Oktober)
- 🅿 Bei den Anlegestellen in Zürich beziehungsweise Rapperswil
- 🕐 Rundweg auf der Insel ca. 20 Minuten
- 🍴 Restaurant Provisorium auf der Insel
  Tel. 055-4101225
  Web: www.ufenau.ch

Von Rapperswil sind es mit dem Schiff nur zehn Minuten zur Insel Ufenau. Das Eiland liegt im oberen Teil des Zürichsees auf jener Seite, wo der Damm und die Holzbrücke des Jakobswegs von Rapperswil nach Pfäffikon/SZ führen. Bereits auf dem Landungssteg offenbart sich, warum die Insel der Stille, die sich im Besitz des Klosters Einsiedeln befindet, unter Naturschutz steht. Der Blick offenbart Schönheit pur. Der 20 Minuten dauernde Rundweg führt auch entlang einer Moorlandschaft und Rebbergen hin zu mittelalterlichen Kirchen und zu einem Gasthaus, bei dem es sich lohnt, eine Rast einzulegen. Für das als Provisorium geführte Restaurant gibt es übrigens Umbaupläne. Empfehlenswert ist etwa der Inselkafi zum Dessert. Oder wie es sich für „Insulaner" gehört, werden auch frische Felchen aus dem Zürichsee serviert. Und der Wein stammt aus dem Klosterkeller. Der Ort ist auch besonders beliebt für Trauungen. Wer mit Hund unterwegs ist, sollte darauf achten, dass in den Sommermonaten Kühe auf der Insel weiden. Pro Stunde legen zwischen April und Oktober zwei Schiffe auf der Insel an.

Der Rundweg führt auch durch die Weinreben

Tour 8: Wandern in Lichtgeschwindigkeit – mit Millionenmeilenstiefeln unterwegs auf dem Planetenweg von Uetliberg bis zur Felsenegg

- Hauptbahnhof Zürich
- Uetlibergbahn S10 (steilste normalspurige Kletterbahn Europas) oder Postauto Albispass-Adliswil, Sihltalbahn S4
- Parkhaus Hauptbahnhof
- 2 Stunden / 6 Kilometer
- Panorama-Restaurant Felsenegg
  Felsenegg 1
  8143 Stallikon
  Tel: 044-7107755
  Mail: info@felsenegg.com
  Web: www.felsenegg.com

Über den Dächern von Zürich thront der Uetliberg. Der Gipfel, der Uto Kulm, ist mit seinen 871 Metern Höhe nicht nur ein prachtvoller Aussichtspunkt über die Stadt und den See bis hin zu den Alpen, er bietet auch eine ganz besondere Attraktion für alle, die gerne einen Einblick in unser Sonnensystem bekommen wollen, ohne gleich ins Weltall geschossen zu werden. Denn auf dem sieben Kilometer langen Planetenweg, der sich von Uetliberg bis zur Felsenegg erstreckt, werden die Entfernungen des Sonnensystems illustriert. Jeder Meter, der zurückgelegt wird, entspricht einer Million Kilometer von der Sonne bis zum Pluto. Wer nach der zweistündigen Wanderung hungrig oder durstig ist, kann in Zürichs einzigem Seilbahnrestaurant

Für Zorro ist die Wanderung durch die Natur des Uetliberges das Grösste

einkehren. Selbst nachts, mit einem Meer aus tausenden funkelnder Lichter rund um den Zürichsee, ist die Aussicht von der Panoramaterrasse überwältigend. Der Uetliberg ist eigentlich ein Ausläufer des Linthgletschers und führt als Albisgebirge bis in das Sihltal hinein. Der Rückweg führt mit der Luftseilbahn Felsenegg-Adliswil oder dem Postauto Albispass-Adliswil und der Sihltalbahn S4 zum Hauptbahnhof Zürich zurück.

Tour 9: Wandern mit dem Schlauchboot
Limmatuferwege bieten Zwei- und Vierbeinern vielseitige Erholungsmöglichkeiten

- 🚋 Tram-Station Tüffenwies
- 🚍 Tram 17
- 🅿️ Parkraum Hardhof beim Flussbad Werdinsel
- 🕒 variabel
- 🍽️ Badi-Restaurant Werdinsel
  Bad au Höngg
  Werdinsel 1a
  8049 Zürich
  Tel. 044-3417472
  Mail: info@werdinsel.com
  Web: www.werdinsel.com

Beidseits der Limmat entlang verlaufen schöne Uferwege. Nur wenige Schritte entlang der Limmat und schon wird das urbane Umfeld durch ein erholsames Naturgebiet abgelöst. Die Route führt am Wasser entlang zur Werdinsel und weiter zum Kloster Fahr. Zwar sind im Flussbad auf der Insel zwischen Limmat und Kanal keine Hunde erlaubt, jedoch nebenan auf der Werdinsel steht einem erfrischenden Hunde-Bad nichts mehr entgegen. Wer sich nur kurz abkühlen möchte, kann anschliessend den Limmatuferweg flussabwärts bis zur Zugstation Glanzenberg oder Dietikon nehmen. Von dort fährt alle 15 Minuten eine S-Bahn zurück nach Zürich Hauptbahnhof.

Wer sich jedoch lieber bequem fortbewegen möchte, kann es den anderen Badegästen gleichtun, das Schlauchboot aufblasen und sich bis nach Dietikon treiben lassen. Zurück nach Zürich geht's dann mit dem Zug. Ein Wermutstropfen ist die Leinenpflicht auf der Werdinsel.

Emma liebt an heißen Tagen Spiele im Wasser

Tour 10: Natur pur und donnernde Vögel
Auf dem Flughafen-Rundweg unterwegs

> Heligrill, Klotenerstrasse, Rümlang

> Züge und S-Bahnen vom und zum Hauptbahnhof im 10-Minuten-Takt, Bus 510

> Rümlang

> variabel

> Heligrill
> Klotenerstrasse
> 8153 Rümlang
> Tel.: 079-3162556

Sara liebt es, im Sommer wie im Winter, einfach auf den Feldern vor der Landebahn zu toben

Der Flughafen Zürich ist auch ein Naturschutzgebiet. Hier lassen sich einmalige Naturparadiese und eine der bedeutendsten Altwasserlandschaften entdecken. Trotz der 265.000 Flugbewegungen im Jahr befindet sich rund um die Pisten 14/32 und 16/34 ein einzigartiger Lebensraum für seltene Pflanzen- und Tierarten. „Unser Lieblingsplatz ist draussen Richtung Kloten Bachenbülach", erzählt Martina Krotthammer. „Wir fahren oft raus und halten uns einfach auf den Feldern dort vor der Landebahn auf, wo Sara auch von der Leine darf." Denn hier kann die ehemalige bulgarische Strassenhündin ihre grosse sportliche Leidenschaft ausleben: das Mäusejagen. Das ist ihr wohl noch aus der Zeit, wo sie auf sich allein gestellt war, geblieben. „In der Anflugschneise gibt es jede Menge davon und Sara kann sich so richtig austoben", freut sich ihre Besitzerin, wenn sie ihr grosses Mädchen glücklich über die Wiesen springen sieht. Fernweh abstreifen beim Anblick der landenden und abhebenden Düsenjets ist nicht ihr Ding. Sie ist froh, hier in der Schweiz zu sein. Ein Stückchen weiter, im Bereich Allmend Kloten-Winkel-Bachenbülach-Oberglatt, gibt es weitere Spazierwege, die neben dem Himmelbach entlang der Landepiste führen. Hier dürfen Hunde auch von der Leine. Ein Tipp: Der Heligrill befindet sich direkt am Flughafenzaun in der Nähe des Pistenkreuzes (Pisten 10/28 und 16/34). Hier geht es, wie der Name vermuten lässt, nicht nur um die Wurst, der Heligrill ist der perfekte Standort um vor allem startende Flieger aus nächster Nähe zu beobachten und zu fotografieren. Und für diesen Zweck wurde der Zaun speziell mit „Gucklöchern" versehen. Wer statt Bratwurst Crêpes bevorzugt, wird direkt an der Überlandstrasse zwischen Bachenbülach und Oberglatt fündig. Die sind dort übrigens legendär.

Jetzt Katalog bestellen! unter: enno-frida@aovo.de

Beispielangebot

Urlaub mit Hund im Wanderparadies
Hotel Waldblick*
Bodenmais/Bayerischer Wald

- 4 Übernachtungen inkl. Frühstück
- 2 Hunde im Zimmer kostenfrei
- Lunchpaket für Mensch und Tier
- arberaktivCard
- u.v.m.

ab **155,- €** p. P.

Buchbar unter:
Hotline: 01806 550195
Mo. - Fr. 08:00 - 20:00 Uhr, Sa. - So. 10:00 - 20:00 Uhr
€ 0,20/Anruf a. d. dt. Festnetz, max. € 0,60/Anruf a. d. Mobilfunk

oder unter: **www.urlaub-mit-hund-shop.com**

aovo Touristik AG | Esperantostr. 4 | 30519 Hannover

Gesetz & Ordnung
Politik & Soziales

Was hat ein Amtsschimmel schon mit einer vornehmen Dogge zu tun? Im Normalfall nicht viel, vorausgesetzt sein vierbeiniger Besitzer kennt die entsprechenden Regelungen und Bestimmungen, die es in Sachen Hundehaltung gibt. Allerdings kein leichtes Unterfangen, denn der Kantönligeist kann für Fellnasen-Liebhaber ganz schöne Tücken mit sich bringen. Was beispielsweise in Zürich verboten ist, kann in den Nachbarkantonen durchaus erlaubt sein. Ein Sachkundenachweis muss aber ohnehin obligatorisch absolviert werden. Aber auch sonst gibt es noch viel zu erzählen rund um den Hund. Wir überlassen dies Experten, die wir befragt haben.

Ein Notengeldsuchhund im Einsatz

Nyra und das liebe Geld

Geld stinkt nicht. Oder doch? Nyra lässt sich jedenfalls nicht an der Nase herumführen. Ist irgendwo auch nur ein Zehnernötli versteckt, die fünfeinhalbjährige Deutsche Schäferhündin findet das Geld. Das ist schliesslich auch ihr Job, denn sie ist eine von drei Notengeldsuchhunden und verrichtet bei der Kantonspolizei Zürich seit 2013 ihren Dienst. Zusammen mit Herrchen Jean Vollenweider, der als Chef des Diensthundewesens nicht nur 90 Schutz- und Spürhunden mit ihren Führern vorsteht, sondern auch das Kompetenzzentrum für die ganze Schweiz leitet. Die Ausbildung für alle eidgenössischen Notengeldsuchhunde erfolgt ausschliesslich durch die Kantonspolizei Zürich. Ganz nach dem Motto „Übung macht den Meister".

Hochmotiviert

Auch heute findet eine Schulung in einem ehemaligen Autocenter nahe der A 4, die durchs Zürcher Weinland führt, statt. Zwischen zurückgelassenen Overhead-Projektoren, leeren Kartons und verlassenen Schreibtischen gibt es unzählige Verstecke für die vermeintliche Beute. Doch der Erfindungsreichtum ihres Herrchens kann nicht gross genug sein. Wenig später, nachdem der Polizist den Befehl „Such" gegeben hat, signalisiert die Hündin ihren Fund. Sie kratzt wie wild mit den Pfoten und bellt lautstark. Aktives Anzeigen heisst das im Fachjargon. Beim passiven Anzeigen hingegen würde sie in einer bestimmten Position beispielsweise Platz verharren und zudem die Fundstelle mit Nase und Augen fixieren. Nyra hat Temperament und bringt die Begeisterung, mit der sie bei der Arbeit ist, auch rüber. Kraftvoll kratzt sie mit den Vorderpfoten und bellt aus vollem Hals. Natürlich mit dem Wissen, dass ihr Erfolg im gemeinsamen Freudentanz endet. „Super gemacht, braves Mädchen", lobt er das Tier und dreht sich mit ihr spielerisch im Kreis.

Ausgebildeter Spürhund

Notengeldsuchhund ist Nyra aber nur im Nebenberuf. Vielmehr ist sie ein ausgebildeter Spürhund und wird zur Suche nach Betäubungsmitteln bzw. Drogen eingesetzt. S'Nötli suchen ist vielmehr eine Zusatzausbildung und noch relativ neu in der Schweiz.

Nyra hat das Geld, das unter dem alten Overhead-Projektor versteckt ist, entdeckt

Die Hunde werden dabei spielerisch auf den Geruch konditioniert. Um jedoch auch andere Währungen als den Franken erschnüffeln zu können, kommt nicht nur die bedruckte Banknote zum Einsatz, sondern auch jedes einzelne Material, das zur Herstellung vom Stutz, wie die Schweizer ihre Währung nennen, verwendet wird. Also das Papier, die Farben, der Silberstreifen, das frisch gepresste Notengeld und noch die lackierten Scheine. Damit Nyra die verschiedenen Gerüche auch im Gedächtnis behält, wird mehrmals täglich geübt. Dafür schiebt der 57-Jährige einen 100-Franken-Schein in einen ausgekochten PET-Rohling, in den er zuvor Löcher gebohrt hat und versteckt ihn. Dabei trägt er Einweghandschuhe, um den Hund nicht mit seinem Individualgeruch zu irritieren. Doch Nyra, die seit zwei Jahren für die Kantons- und Flughafenpolizei

Nyras grösster Coup waren jedoch 120.000 Franken, die sie in einem illegalen Spielcasino aufspürte

Zürich nach Geld sucht, hat die Gerüche längst verinnerlicht. Noch gar nicht so lange her, machten die beiden einen sensationellen Fund. Sie entdeckten bei einer Durchsuchung mehrere zehntausend Schweizer Franken, die gut versteckt waren, und ein Kilo Haschisch. Ihr grösster Coup waren jedoch 120.000 Franken, die im Aktenschrank einer illegalen Spielhalle versteckt waren. Nur gut also, dass Geld entgegen aller Behauptungen doch stinkt.

Kantonspolizei Zürich
Diensthundezentrum
Jean Vollenweider
Untere Geerenstrasse
8600 Dübendorf/ZH
Tel.: 044-8022141

Im Einsatz sind: 90 Hunde, davon 65 Schutzhunde, 9 Betäubungsmittelspürhunde,
3 Notenbanksuchhunde, 3 Blut- und Leichenspürhunde, 3 Sprengstoffspürhunde, 4 Mantrailer – in 1350 Einsätzen pro Jahr.
Derzeit gibt es 162 gültige Währungen. Schweizer Franken weisen 32 Sicherheitsmerkmale auf, der Euro nur 26. Gängige Währungen sind auf Baumwollpapier gedruckt.

Signalhund Perrito hilft seinem gehörlosen Herrchen Aurelio Arni

Hör mal, wer da bellt

Wer wünscht sich nicht, jemanden zu haben, der einem alles von den Lippen abliest. Bei Aurelio Arni hat dies jedoch einen anderen Grund. Der 29-Jährige, der im Bezirk Affoltern lebt, ist nämlich gehörlos. Eine Kommunikation ist dem gelernten Schreiner nur möglich, wenn er die Worte vom Mund ablesen kann. Der gebürtige Kolumbianer, der mit vier Jahren in der Schweiz adoptiert wurde, kann zwar Stimme und Geräusche wahrnehmen, sie jedoch nicht zuordnen. Das bedeutet im täglichen Leben natürlich erhebliche Einschränkungen. Ohne einen Partner, der ihm hilft, gewisse Situationen richtig einzuschätzen, fiele es ihm etwa schwer, auf belebten Strassen unterwegs zu sein. „Ich höre ja nicht, wenn sich ein Auto oder ein Velofahrer von hinten nähert oder wenn sonst etwas Aussergewöhnliches los ist", nennt er Beispiele.

Perrito ersetzt das Hören

Nur gut, dass Aurelio mit Perrito seinen Partner gefunden hat. Und zwar einen Partner mit vier Pfoten, der ihn auf Schritt und Tritt begleitet. Der zweijährige Australian Shepherd ist aber nicht nur ein treuer Weggefährte mit kalter Schnauze, sondern ein speziell ausgebildeter Signalhund. Perrito, was auf Spanisch so viel wie Hündchen bedeutet, beherrscht die Zeichensprache. „Er wurde von mir extra darauf trainiert", sagt sein Besitzer nicht ohne Stolz. Denn es war dem äusserst jugendlich wirkenden Mann ein Anliegen, dass er den quirligen Vierbeiner von klein auf bei sich hatte. Und die kluge Fellnase darf wegen seiner besonderen Funktion sogar dort mit, wo andere nicht hindürfen: auf den Fussballplatz, in den Einkaufsladen oder sogar ins Krankenhaus.

Herausforderung: Grossstadt

„Er ist ein wahrer Herzensbrecher", sagt Aurelio Arni mit einem Lächeln im Gesicht. Um gleich danach zu ergänzen: „Ich aber auch". Und tatsächlich: Wer die beiden durch die Zürcher Innenstadt schlendern sieht, obliegt dem Charme der beiden in Sekundenschnelle. Wobei der naturverbundene Endzwanziger eher das Abgeschiedene liebt, als die Hektik einer Grossstadt. Der urbane Lebensraum fordert auch Perrito heraus. In der Vielfalt der

Perrito übergibt die Geldtasche

Geräusche muss der Hund hochkonzentriert arbeiten. Nähert sich von einer Richtung (scheinbar) eine Gefahr, zeigt dies der Hund an, in dem er seinen Kopf dorthin dreht. Dann weiss sein Besitzer, dass er gut aufpassen muss. Sollte seinem Herrchen aus irgendeinem Grund beispielsweise das Portemonnaie aus der Jackentasche fallen, würde das sein treuer Begleiter sofort merken. Der Hund erkennt auch, wenn das Natel klingelt. Zwar kann Aurelio wegen seiner Gehörlosigkeit nicht telefonieren, aber per SMS kommunizieren.

Der Hund gibt Sicherheit

Ohne seine Hörprothese – Cochlea-Implantat genannt – würde Arni überhaupt keine Geräusche wahrnehmen können. Doch auch wenn ihm das Gerät wenigstens noch ein Restgefühl des Hörens lässt, gibt ihm sein Hund jene Sicherheit, die er braucht, um ein eigenständiges Leben führen zu können. Sogar als Wecker erfüllt Perrito seine Dienste mit Bravour. Das Ziel des Noch-Twentys ist es, in eine eigene Wohnung zu ziehen. „Momentan lebe ich noch bei meinen Eltern, weil ich eine Ausbildung zum Hundetrainer mache", hat er doch durch seinen vierbeinigen Partner auch ein neues berufliches Ziel gefunden. Noch bis Dezember heisst es Theorie zu pauken, ehe es 150 Praxisstunden zu absolvieren gilt. Aurelio Arni wird auch diese Herausforderung bewältigen. So wie er jene meistern musste, dass sich sein Sinnesorgan zunehmend verschlechtern würde und er wusste, dass er eines Tages überhaupt nichts mehr hören würde. Von seinem Optimismus hat er nichts verloren. Dafür einen treuen Freund gewonnen. Und wenn die beiden Charmeure wieder einmal in der geliebten Natur unterwegs sind: Hör mal, wer da bellt!

Bilden Sie Ihren eigenen Hund aus!

Diabetikerwarnhunde
Signalhunde
Assistenzhunde usw.

www.assistenzhundezentrum.ch

Assistenz- und Diabeteswarnhunde verrichten wertvolle Dienste

Einsatz auf vier Pfoten

Sandra Lindenmann ist Trainerin beim Verein Assistenzhundezentrum Schweiz. 28 Hunde wurden dort bereits ausgebildet. Weitere 13 lernen derzeit, wie sie Diabetiker oder Menschen mit Einschränkungen im Alltag helfen können. Der Verein Assistenzhundezentrum Schweiz bietet der ganzen Familie die Möglichkeit, am Projekt „Hund" teilhaben zu können. „Das stärkt die Bindung", erklärt Sandra Lindenmann, die nicht nur die Leiterin des Zentrums ist, sie ist auch die einzige, die in der Schweiz Assistenzhunde für Diabetiker ausbildet. Doch nicht nur Zuckerkranke vertrauen auf das Vorwarnsystem auf vier Pfoten. Auch schwerhörige oder gehörlose Menschen lassen sich von sogenannten Signalhunden unterstützen. Sie sind darauf trainiert, die Umgebungsgeräusche, wie herannahende Autos, das Klingeln des Weckers oder Gegenstände, die zu Boden fallen, anzuzeigen. Warum es ihr am liebsten ist, wenn ein künftiger Assistenzhund bereits schon als Welpe ins familiäre Umfeld kommt, gibt Sandra Lindemann im Interview Auskunft, und sie erklärt auch, was für die Ausbildung eines Assistenzhundes so alles wichtig ist.

Für welche unterschiedlichen Einsätze bilden Sie Hunde aus?

Unser Hauptgebiet sind die Diabeteswarnhunde. Wir bilden aber auch Signalhunde für Hörbehinderte und andere verschiedene Assistenzhunde aus.

Nach welchen Kriterien werden die Hunde ausgesucht?

Dies kommt ganz auf das Bedürfnis des zukünftigen Besitzers an. Für gewisse Hilfestellungen braucht der Hund oft eine bestimmte Grösse. Beispielsweise, wenn er Lichtschalter bedienen soll. Bei den Diabeteshunden achten wir darauf, in welchem Umfeld sich der Hund bewegt. Das heisst, geht er mit ins Büro, ist eventuell eine grosse Rasse eher unpraktisch.

Über welche charakterlichen Eigenschaften muss ein Assistenzhund verfügen, um für die Ausbildung geeignet zu sein?

Generell gilt, dass Alter, Geschlecht oder Rasse nebensächlich sind. Unbedingt erforderlich sind folgende

Sandra Lindenmann (rechts) erhielt von der Diabethikergesellschaft den „Prix d'excellence pour l'enseignement aux diabétiques" überreicht

Eigenschaften: menschenfreundlicher Charakter, ruhiges, ausgeglichenes Verhalten, Belastbarkeit, keine Schreckhaftigkeit. Am wichtigsten ist jedoch ein hohes Mass an Sozialverträglichkeit gegenüber Menschen und Artgenossen. Zudem darf der Hund weder aggressiv noch ängstlich sein, da er in allen möglichen Alltagssituationen die Ruhe bewahren muss.

Worin unterscheiden sich die Aufgaben der einzelnen Assistenzhunde genau?

Ein Diabeteswarnhund zeigt die Zuckerschwankungen des Diabetikers an und ein Assistenzhund bringt Hilfestellungen bei den Sachen, die der Besitzer braucht. Ob das nun ein Signalhund ist, der auch draussen im Verkehr seine Aufgaben hat oder ein Assistenzhund, der verschiedene Hilfestellungen im Alltag gibt.

Wie lange dauert die Ausbildung?

Bis ein Diabetikerwarnhund zuverlässig anzeigt, vergehen sicher 1,5 Jahre. Es spielt auch eine Rolle, wie viel der Besitzer mit seinem Hund üben kann. Für uns ist es einfach auch sehr wichtig, den Hund nicht zu überfordern.

Wenn Bedürftige einen Assistenzhund haben möchten, wie sehen da die ersten Schritte aus und was kostet das?

Wir sehen vor Ort, was der Bedürftige genau braucht und suchen dann nach dem geeigneten Welpen. Unsere Kunden werden von Anfang, sprich vom Welpenkauf, bis zum Ende des Hundelebens von uns betreut.

Gibt es Situationen, die einen Assistenzhund überfordern könnten?

Ja, die gibt es. Manchmal sind die Leute fast nicht zu bremsen, zu was sie den Hund noch alles brauchen können. Da wird von uns dann wirklich auf das Wohl des Hundes geachtet.

Wie lange bieten Sie die Ausbildung zum Assistenzhund schon an und wie sind Sie dazu gekommen?

Seit bald vier Jahren. Wir haben in Deutschland für unsere behinderte Tochter einen Assistenzhund für Autismus ausgebildet und dort dann selber die Ausbildung zum Assistenzhundetrainer gemacht.

Verein Assistenzhundezentrum Schweiz
Sandra Lindenmann
Brünneliweg 12
5724 Dürrenäsch
Tel.: 079-3717240
Mail: assistenzhunde@bluewin.ch
Web: www.assistenzhundezentrum.ch

Spendenkonto
Verein Assistenzhundezentrum
Hypothekarbank Lenzburg
Konto 50-69-8
IBAN: CH13 0830 7000 2678 5030 1
BC: 8307

Wie Kinder mit Hunden richtig umgehen lernen

Stillä stah, stillä sii, Händ abe, weg luegä

„Jö – esch dä härzig!" Die Begeisterung der Kinder ist gross, als Dackelmädchen Anouk Männchen macht und mit den Pfoten winkt. Bei den 20 Buben und Mädchen des Kindergartens Auenring im Zürcher Bassersdorf ist damit das Eis endgültig gebrochen. Angst vor Hunden? „Nein, wir doch nicht", scheint die Stimmung unisono zu vermitteln. Selbst die kleine Clara, die grossen Respekt vor Hunden hat, nähert sich vertrauensvoll den Fellnasen. Nach Ende der ganz besonderen Hunde-Stunde verkündet das fünfjährige Mädchen selbstbewusst: „Näi, i ha ke Schiss!" Ob das Projekt Prevent a bite, das soeben stattgefunden hat, wohl dazu beitrug?

Kinder besonders gefährdet

Das Präventionsprojekt, das zu Deutsch Vermeide einen Biss bzw. offiziell Hundebissprävention heisst, setzt jedenfalls dort an, wo Bissverletzungen durch Hunde am häufigsten vorkommen: bei Kindern bis zehn Jahren. Dass vor allem kleinere Kinder gefährdet sind, hat für Rita Eppler, Leiterin von Prevent a bite im Kanton Zürich, einen Grund. „Sie können das Verhalten der Tiere noch nicht richtig einschätzen." Und tatsächlich: Auf die Frage, wie die Kinder reagieren würden, wenn ein fremder Hund auf sie zuläuft, kommt die Antwort wie aus der Pistole geschossen: „Weglaufen." Das ist bei Gefahr ein ganz natürliches Verhalten. Aber genau das ist falsch.

Richtiges Verhalten

Damit die Chindsgi-Kinder das verstehen, erklärt Rita Eppler ihnen, wie Hunde denken. „Wenn Kinder so rennen, denkt sich der Hund: Die wollen ja fangen mit mir spielen, da muss ich ganz schnell nachrennen. Ihr müsst nämlich wissen, die meisten Hunde spielen wahnsinnig gerne Fangis." Kindergärtnerin Nadine Lombris nickt dazu. Gemeinsam stimmt sie mit ihrer kleinen Rasselbande deshalb ein Lied an, das sie mit ihnen vorab schon einstudiert hat. „Stillä stah, stillä sii, Händ abe, weg luegä!" Das Verhalten soll verinnerlicht werden. Dazu trägt auch das Üben bei. Die Kinder müssen still stehen, still sein, die Hände herunterhängen lassen und wegschauen, während der Hund auf sie zugeht, sie beschnuppert und dann ganz nah an ihnen vorbei läuft. Zwei Lektionen dauert der Kurs, mit einer Pause von 20 Minuten.

Ruhig stehen zu bleiben fällt den Kindern Samantha und Lia anfänglich schwer

Verschiedene Rassen kennenlernen

Dackelmädchen Anouk und ihr Besitzer Erwin Weber sind jedoch nicht alleine im Einsatz. Auch die Primarlehrerinnen Edith Morel mit Bigna, Miryam Peduzzi mit Miro und Julia Fehr mit Liona – allesamt vom Zürcher Hundeverband - ZHV - sind im Kindergarten. Der Grund: Ein Hund allein könnte bei der Aufgabe überfordert werden, zudem ist es wichtig, dass die Kinder verschiedene Rassen und Grössen kennenlernen. Um beim in mehreren Schweizer Kantonen durchgeführten Biss-Präventionsprojekt mitmachen zu dürfen, müssen Hund und Halter ein Ausbildungsprogramm mit abschliessender Prüfung absolvieren. „Und beide müssen vor dem Beginn der Ausbildung einen Eignungstest bestehen", erklärt die Leiterin.

Eine gute Sache

Der vierfache Opa Erwin Weber (72) besucht mit seiner Anouk seit 2014 zwei- bis viermal pro Monat einen Kindergarten. „Ich habe vier Enkelkinder im Alter von acht Monaten bis acht Jahren. Prevent a bite ist eine echt gute Sache, auch für Kinder mit einem Familienhund." Julia Fehr liegt das Ausbildungsprogramm ebenso sehr am Herzen. „Ich wünsche mir, dass sich durch die Prävention die Einstellung und das Verständnis für Hunde zum Positiven ändern, sowohl in den Familien wie auch in der Gesellschaft." Clara beispielsweise konnte nach der Lektion einen kleinen Erfolg feiern. Sie hat sogar einen Hund gestreichelt. „Das Fell ist ganz weich, es hat sich richtig fein angefühlt", erzählt sie ihrem Papa freudig, der heute mit ihr in den Kindergarten gekommen ist. Ob sie sich im Ernstfall noch an das erinnert, was sie in den zwei Stunden gelernt hat? „Ja", ist Rita Eppler überzeugt, „wir führen das Projekt seit 2010 für das Zürcher Veterinäramt durch und in der Zwischenzeit haben mir schon viele Eltern zurückgemeldet, dass es klappt."

Zürcher Hundeverband
Prevent a Bite (PaB)
Rita Eppler
Mail: pab@zhv-zh.ch
Web: www.zhv-zh.ch

Prevent a bite (PaB) ist ein im Zürcher Hundegesetz verankertes Präventionsprojekt, das Kindern auf spielerische Art und Weise das korrekte Verhalten gegenüber Hunden zeigt. Es wird aus den Einnahmen der Hundesteuer finanziert.
PaB ist ein in England in den 1980er-Jahren durch den erfahrenen Verhaltensexperten für Hunde, John Uncle, entwickeltes Lernprogramm für die Verhütung von Unfällen durch Hundebisse bei Kindern. 1996 wurde dann auch in der Schweiz in verschiedenen Regionen begonnen, das Projekt umzusetzen und einzuführen. 2007 starteten die ersten einsatzfähigen Teams mit ihren Einsätzen in Schulen und Kindergärten im Kanton Zürich. Wer Lust hat mitzumachen, kann sich über pab@zhv-zh.ch anmelden.

Wie Hunde gefährliche Baum-Schädlinge erschnüffeln

Den Käfern auf der Spur

Lange Haare, dunkle Sonnenbrille, rote Arbeitermontur: Ein bisschen Don Johnson, etwas mehr Tatortreiniger. Letzteres trifft den Beruf von Daniel Hagemeier von Anoplophora Spürhunde Schweiz besonders genau. Denn der 50-Jährige räumt auf, wo der Asiatische Laubholzbockkäfer sein Unwesen getrieben hat. Unterstützt wird er dabei von Maisha, einer lizenzierten Käferjägerin auf vier Pfoten. Die Labrador-Hündin zählt zu den ersten fünf Schweizer Spürhunden mit Diplom zur Laubholzbockkäfer-Jagd und kann bereits zahlreiche Erfolge verbuchen. Auch damals, im Jahr 2012, als entlang der Sulzerallee in Oberwinterthur die ersten Schädlinge aus China entdeckt wurden, hatte das schwarze Tier im wahrsten Sinne des Wortes die Nase vorne. Um die 144 Käfer spürte die Hündin auf. 98 befallene Bäume wurden daraufhin gefällt und präventiv 180 weitere Gehölze noch dazu. Der Befall in Winterthur ist der grösste in der Schweiz.

Im Team unterwegs

Mit Kontrollgängen, die Daniel Hagemeier und Maisha mit weiteren Mitarbeitern des Anoplophora Teams und mit Stefan Rütten, Baumpfleger der Stadt Winterthur, regelmässig durchführen, soll sichergestellt werden, dass der Käfer nicht weiter sein Unwesen treibt. Bis mindestens 2016/2017 dauert nämlich noch die Quarantänezeit, die es strikt einzuhalten gilt. Bis dahin übernehmen der Kanton Zürich und die Stadt Winterthur auch die Kosten für die Überwachung. Immerhin fast eine Million Franken jährlich.

Ausdauer und Konzentrationsfähigkeit

Dass für die Kontrolle auch Hunde eingesetzt werden, kommt nicht von ungefähr. Nur ihre feine Nase ist in der Lage, selbst kleinste Geruchsspuren aufzuspüren. „Dafür eignen sich in erster Linie Hunderassen, die über viele Generationen auf eine hohe Nasenleistung gezüchtet wurden", weiss Hagemeier, der sich zuvor schon bei der Freiwilligenorganisation Redog engagierte. Aber auch Ausdauer, Konzentrationsfähigkeit und die Lust zum Arbeiten sind unabdingbare Eigenschaften. „Die geringen

Joël Sorg zeigt den Asiatischen Laubholzbockkäfer

Geruchsstoffkonzentrationen inmitten zahlreicher anderer Umweltgerüche zu erschnüffeln, ist für den Hund eine ganz besondere Herausforderung", ist sich der Schweizer der Schwere dieser Arbeit durchaus bewusst. Damit Maisha trotzdem Freude daran hat, macht er sich die ganz besondere Leidenschaft des Hundes zunutze: das Jagd- und Beuteverhalten. Die Konditionierung selbst läuft dann wieder gleich ab, wie bei der Katastrophensuchhunde-Ausbildung. Getrocknete Larven, Puppen und Käfer, aber auch Bohrspäne dienen als Köder. Das Kommando lautet dann wieder „Such".

Thermik beachten

Daniel Hagemeier hat inzwischen auf einem der Bäume ein Lockmittel versteckt. Die Bedingungen um die Mittagszeit sind bestens. Der Wind weht mit 0,7 m pro Sekunde optimal. Der Experte testet die Himmelsrichtung, aus der das laue Lüftchen kommt, nochmals mittels weißen Puders, der eigentlich in der Pyrotechnik verwendet wird, aus. „Sehr fein, sehr teuer", erklärt er und steckt das Kunststoffröhrchen wieder in die Jackentasche. Dann erteilt er der Labi-Hündin den Befehl. Keine Minute später setzt diese sich vor einem Baum nieder, schaut am Stamm hoch und bellt. „Sie zeigt an", erklärt er und nimmt den präparierten Ast vom Baum. Maisha erhält zur Belohnung ihren Ball und lobende Worte vom Herrchen. Lässig streift sich Daniel Hagemeier dabei die Haare aus dem Gesicht. Das bisschen Don Johnson, an das er erinnert, stammt aus der Zeit, in der er als Direktor eines renommierten Bankinstitutes seine Brötchen verdiente. In klimatisierten Räumen hoch über der Bankenstadt, wo jährlich an der Börse 660 Milliarden Franken Umsatz gemacht werden. Doch das ist für den nunmehrigen Käferjäger Vergangenheit. Ihm ist es so lieber. „Thermik und Hund faszinieren mich!" Und: Der Mörder kehrt schliesslich immer an den Tatort zurück. Daniel Hagemeier und seine Maisha auch!

Anoplophora Spürhunde Schweiz
Daniel Hagemeier
Tel.: 079-2270777
Mail: info@anoplophora-spuerhunde.ch
Web: www.anoplophora-spuerhunde.ch

Gefährlicher Asiatischer Laubholzbockkäfer
Der Asiatische Laubholzbockkäfer befällt gesunde Laubbäume und tötet sie. Nicht sofort, aber in wenigen Jahren. Der knapp drei Zentimeter grosse Schädling legt seine Eier in der Baumrinde ab. Die geschlüpfte Larve frisst sich dann quer durch den Stamm bevor sie sich verpuppt. Nach etwa 20 Monaten verlässt der fertig entwickelte Käfer sein Nest durch ein kreisrundes Ausbohrloch. Zurück bleiben Hohlräume, die den Baum schwächen und schliesslich instabil werden lassen. Im schlimmsten Fall muss der Baum gerodet werden.

Wie das Projekt Gassentierarzt armutsbetroffenen Menschen mit ihren Tieren hilft

Über den Hund zum Menschen

Beruhigend spricht Tierärztin Igna Wojtyna auf Cory ein. Der Mischlingsrüde liegt auf einem Sofa, schmiegt sich an seinen Meister Reto und blickt sich unsicher um. Die fremde Umgebung, die anderen Hunde im Raum und die Spritze, die die Tierärztin in Händen hält, verunsichern ihn. Immer wieder versucht er aufzuspringen. Reto krault seinen Schützling und redet ihm gut zu. Im zweiten Anlauf gelingt es der Tierärztin, Cory gegen Tollwut zu impfen. Die Erleichterung ist Hund und Herrchen anzusehen. Cory springt vom Sofa und blickt Reto erwartungsvoll wedelnd an. Seine Augen scheinen zu sagen: Los, Chef, gehen wir? Reto lässt sich nicht hetzen. Er muss noch, wie es beim Gassentierarzt Bedingung ist, die Impfung bezahlen.

Regelmässiger Kontakt baut Vertrauen auf

Während sich Igna Wojtyna der nächsten Patientin, einer Pinscherhündin mit tränenden Augen zuwendet, erzählt Reto Mirjam Spring von seinen Sorgen. Mirjam Spring ist Leiterin des Projekts Gassentierarzt und bei den wöchentlichen Sprechstunden stets zugegen. Wenn nötig, assistiert sie der Veterinärmedizinerin. In erster Linie aber nimmt sie sich jedoch der Sorgen und Nöte der Tierhalter an. Sie hört geduldig zu, stellt Fragen, hakt nach. Reto kennt sie schon länger. „Regelmässiger Kontakt ist wichtig, um Vertrauen aufzubauen", hat sie die Erfahrung gemacht. Viele Randständige sind sozial völlig isoliert. Ihre Tiere sind oft die einzigen Partner, die sie haben. „Dank dem Projekt Gassentierarzt können wir einerseits Haustieren artgerecht helfen", erklärt Spring. „Andererseits kommen wir so in Kontakt mit Menschen." Das wiederum ermögliche es, frühzeitig drohende Krisen auszumachen und Betroffenen Hilfsangebote zu zeigen.

Mit dem Projekt Gassenhunde fing alles an

Mirjam Spring ist eine erfahrene Mitarbeiterin der Sozialwerke Pfarrer Sieber. Langezeit leitete sie die Anlaufstelle Sunestube im Kreis 4. Ihr fiel bald auf, dass Tiere – insbesondere Hunde – wichtige Begleiter randständiger Menschen sind. Gleichzeitig erkannte sie, dass viele Hundehalter zwar über einen

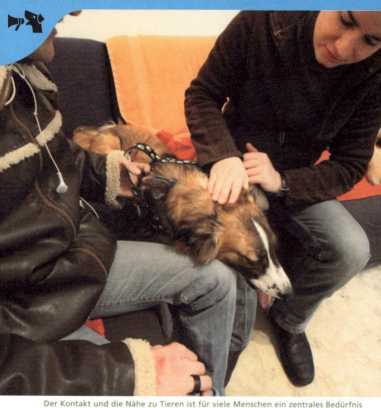

Der Kontakt und die Nähe zu Tieren ist für viele Menschen ein zentrales Bedürfnis

Willen zur Fürsorge verfügen, nicht jedoch über die finanziellen Mittel, ihrem Schützling insbesondere die medizinische Betreuung angedeihen zu lassen. So rief sie im Januar 2005 das Projekt Gassenhunde ins Leben, das Vorläuferprojekt des heutigen Gassentierarztes.

Grundversorgung und Kastrationen

In den wöchentlichen Sprechstunden, zu denen sich die Halter anmelden müssen, geht es vor allem um die medizinische Grundversorgung von Haustieren. Daneben werden anstehende Operationen wie Kastrationen usw. geplant, die Wojtyna dann in ihrer Praxis durchführt. Die Leistungen beim Gassentierarzt sind nicht gratis, aber doch günstiger. Das ist möglich, weil Igna Wojtyna statt eines üblichen Arzthonorars lediglich eine geringe Entschädigung erhält, zum anderen weil die Restkosten wie Miete des Lokals an der Grüngasse und die Medikamente von Sozialwerke Pfarrer Sieber übernommen werden. Es sei dennoch wichtig, dass Betroffene etwas für die Behandlung ihrer Lieblinge zahlen müssen, erklärt Spring. „Wir wollen nicht die Tierhaltung fördern, sondern die Situation verbessern."

Gassentierarzt
Sozialwerke Pfarrer Sieber SWS
Mirjam Spring
Hohlstrasse 192
8004 Zürich
Tel.: 079-8874799
Web: http://www.swsieber.ch/bereiche/gassentierarzt/gassentierarzt-stellt-sich-vor

---

Werbung

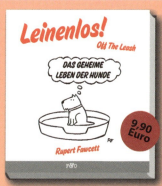

Versicherung & Schutz

Krankheiten machen leider auch vor Vierbeinern nicht Halt. Vor allem, wenn es sich um chronische Leiden handelt und der Hund regelmässige Behandlungen benötigt, übersteigt das vielfach die finanziellen Möglichkeiten. Aus diesem Grund müssen sich manche schweren Herzens sogar dazu entschliessen, ihr Tier einzuschläfern. Dabei gibt es auch für Hunde eine Krankenversicherung. Eine Investition, die sich im Krankheitsfall ganz sicher rechnet und die einem die Sicherheit gibt, dass das Tier bestens versorgt ist. Wir haben uns auf die Suche nach den besten Angeboten gemacht und sind fündig geworden.

Im Gespräch mit dem
Tierversicherungsexperten Tanner Saner

Tierisch gut versichert

Die Tiermedizin bietet immer bessere und vielseitigere Behandlungsmöglichkeiten an. Das kann jedoch mit entsprechend hohen Kosten verbunden sein. Dennoch geben nur rund sechs Prozent (Statistik des Bundesamts für Veterinärwesen BVET) der Haustierhalter an, eine Versicherung abgeschlossen zu haben. Für Tanner Saner, Experte der wau-miau Tierversicherung, macht diese Zahl deutlich, dass immer noch zu wenig Schweizer wissen, wie wichtig diese Vorsorgeleistung für den vierbeinigen Mitbewohner ist. Doch sollten Hund oder ihre Katze einmal krank werden, sich verletzen oder verunglücken, wissen Tierfreunde die vielseitigen Behandlungsmöglichkeiten der modernen Veterinärmedizin sehr zu schätzen und würden jeden Preis für eine Behandlung zahlen, die ihren Liebling heilt oder dessen Leben verlängert. Oft würden sie eher auf etwas anderes verzichten. Dabei können mit einer verhältnismässig niedrigen Prämie die Kosten für eine medizinische Betreuung erheblich reduziert werden. Tanner Saner erklärt im Interview, was für eine Haustierversicherung spricht, was beim Abschluss einer Police alles beachtet werden soll und mit welchen Kosten der Tierbesitzer rechnen muss.

Was spricht für die wau-miau Tierversicherung?

Die wau-miau Tierversicherung ist mehr als nur eine Unfall- und Krankenversicherung, sondern ein Komplettschutz mit integrierter Reiseversicherung, Rechtsschutz, Lost & Found-Service und kostenlosem 24-Stunden-Notruf. Nach Abzug des Selbstbehaltes werden 90 Prozent der tierärztlichen Behandlungskosten für Pflegeleistungen, wie z. B. tierärztliche Behandlungskosten nach Krankheit und Unfall, Diagnose- und Therapiemassnahmen, Chirurgische Eingriffe, Pharmazeutische Ausgaben und Hilfsmittel sowie Aufenthalts- und Verpflegungskosten in der Praxis oder im Tierspital übernommen.

Was macht eine gute Hundeversicherung aus und worauf sollten Hundebesitzer vor Abschluss einer entsprechenden Police unbedingt achten?

Entscheidend ist, dass das Versicherungsangebot auf die effektiven Bedürfnisse des Halters abgestimmt ist. So gibt es beispielsweise Lösungen mit limitierten Versicherungssummen, die

wau-miau
tierisch gut versichert

✓ Kranken- und Unfallversicherung
✓ 90% der Behandlungskosten
✓ Faire, altersunabhängige Prämien
✓ Gratis Lost & Found Service
✓ Rechtsschutz und Reiseversicherung inbegriffen

Versichern Sie Ihren Liebling gleich hier bei uns!

IFG Consulting GmbH, Säntisstrasse 2A, 9500 Wil
Telelefon +41 (0) 71 914 43 00
info@ifg-consulting.ch, www.ifg-consulting.ch

offizieller wau-miau Partner

sich für die kleineren Behandlungen eignen und es gibt Lösungen mit unlimitierter Summe für die ganz grossen Fälle. Zudem lohnt sich immer auch ein kritischer Blick auf das Kleingedruckte, denn zum Teil wird man gleich für mehrere Jahre an einen Vertrag gebunden und erlebt „böse Überraschungen", wie zum Beispiel steigende Prämien mit zunehmendem Alter des versicherten Tieres.

Mit welchen Kosten muss der Halter rechnen?

Je nach Versicherungslösung variieren die Prämien zwischen 237 und 510 Franken pro Jahr. Das mag auf den ersten Blick nach viel aussehen, ergibt aber pro Monat einen Betrag von 19.75 bis 42.50 Franken, was – verglichen mit den Ausgaben für Futter und Zubehör – sicherlich eine sinnvolle Investition ist.

Eine Versicherung ist aber natürlich kein Freibrief für fahrlässiges Handeln und entbindet den Halter nicht von gewissen Pflichten…

Korrekt, der Halter muss selbstverständlich seinen Pflichten gemäss Tierschutzgesetz und Tierschutzverordnung nachkommen. Auch für die Impfungen ist der Tierhalter selber verantwortlich, das ist nicht Sache der Versicherung.

Existieren auch bei Hundeversicherungen gewisse Ausschlusskriterien? Sind Hundebesitzer beispielsweise verpflichtet, einen Nachweis über die Gesundheit des Hundes zu erbringen?

Wir verlangen keine Vorsorgeuntersuchung für den Versicherungsabschluss. Bestehende Leiden, von denen der Besitzer vor Abschluss der Versicherung Kenntnis hat, sind von der Deckung ausgeschlossen. Dies lässt sich spätestens im Schadenfall leicht prüfen und nachweisen. Wenn der Hund also bereits eine Operation hatte, so kann er zwar versichert werden, aber die Folgebehandlungen wären nicht gedeckt.

Welche Behandlungen werden durchschnittlich am häufigsten beansprucht?

Bei den Hunden kommt es häufig zu Durchfallerkrankungen und Erbrechen. Auch Gelenkbeschwerden werden oft behandelt oder es werden verschluckte Fremdkörper operativ entfernt.

Welche Operationen werden von der Tierversicherung bezahlt?

Grundsätzlich sind Operationen im Zusammenhang mit Krankheit und Unfall versichert, solange sie wirksam, zweckmässig und wirtschaftlich sind. Vorsorgeoperationen wie Zahnsteinentfernung oder Schönheitsoperationen sind von der Deckung ausgeschlossen.

Werden auch die Kastration und Impfkosten bezahlt?

Sinn und Zweck der Versicherung ist es, den Tierhalter vor Unerwartetem zu schützen. Impfkosten fallen definitiv nicht in diese Kategorie, sie gehören zu den alltäglichen Unterhaltskosten, wie das Futter. Bei der chirurgischen Kastration/Sterilisierung machen wir jedoch eine Ausnahme und leisten über die Zusatzversicherung wau-miau PLUS einen einmaligen Unkostenbeitrag.

Können Sie aus Ihrer Erfahrung sagen, welche Kosten etwa im Durchschnitt für die genannten Operationen anfielen?

Die Behandlungskosten sind, wie in der Humanmedizin, von der Schwere der Erkrankung bzw. Verletzung sowie vom Behandlungsstandort abhängig. Das Verarzten von Bisswunden kann bis zu 1.000 Franken kosten, das Herausoperieren verschluckter Fremdkörper schlägt mit rund 2.000 Franken zu Buche und Behandlungen von Knochenbrüchen verursachen Behandlungskosten von durchschnittlich 2.500 Franken.

Was waren bislang die teuersten Behandlungsfälle eines Hundes und welche Kosten haben diese verursacht?

Die Behandlung von Leptospirose hat Kosten in der Höhe von 8.000 Franken verursacht. Frakturen und Entzündungen, die sich ein Hund nach einem Sprung aus dem Fenster zugezogen hatte, kosteten 6.500 Franken. Bei einer Krebsdiagnose bezahlten wir die Strahlentherapie von 6.000 Franken.

Welchen Stellenwert haben alternative Therapieformen wie Akupunktur oder Shiatsu unter den in Anspruch genommenen Leistungen?

Die Hundehalter schätzen unsere umfangreichen Leistungen im Bereich der Alternativ- und Komplementärmedizin sehr und nehmen sie auch regelmässig in Anspruch. Denn erfahrungsgemäss sprechen Hunde sehr gut darauf an. Wir merken auch, dass diese Therapieformen zunehmen. Daher arbeiten wir eng mit den führenden Schweizer Therapeuten-Verbänden zusammen, um unser Angebot auf dem neusten Stand halten.

Tierversicherung wau-miau
IFG Consulting GmbH
Tanner Saner
Säntisstrasse 2a
9500 Wil SG
Tel.: 071-9144300
Mail: office@ifg-consulting.ch
Web: www.ifg-consulting.ch

Wie gut sich Hundehalter mit Paragrafen auskennen sollten

Wie laut darf Bello bellen?

Was darf der Vierbeiner, was darf er nicht – die Stiftung Tier im Recht kämpft auf juristischer Ebene – und ist damit äusserst erfolgreich.

Keine andere Tierart wird vom Tierschutzrecht so umfangreich erfasst, wie der Hund. Neben dem Tierschutzgesetz und der dazugehörigen Tierschutzverordnung haben Hundehaltende aber noch zahlreiche weitere Bestimmungen zu beachten, etwa solche des Tierseuchen-, Jagd- oder Zivilrechts. Von Bedeutung für den Umgang mit Hunden ist die Tierschutzgesetzgebung. Diese enthält einerseits grundsätzliche Normen, die für alle Tierarten gelten, wie das Verbot, Tieren Schmerzen, Leiden, Schäden oder Ängste zuzufügen oder ihre Würde auf andere Weise zu missachten. Anderseits gibt es aber auch eine Vielzahl kantonaler und kommunaler Vorschriften. Wir haben in Zusammenarbeit mit der Stiftung Tier im Recht die in den Artikeln 69 bis 79 der Tierschutzverordnung gelisteten Sonderbestimmungen für Hunde herausgesucht:

Zwergschnauzer Emma tobt sich auf einer Wiese aus

Der Hund muss gut sozialisiert sein

Ein Hund muss so aufgezogen, gehalten und ausgebildet werden, dass er einen ausgeglichenen Charakter hat, gut sozialisiert ist und sich gegenüber Menschen und anderen Tieren nicht aggressiv zeigt. Die Tierschutzverordnung verpflichtet Hundehalter zudem ausdrücklich, alles zu unternehmen, damit ihre Vierbeiner weder Menschen noch andere Tiere gefährden (Art. 73 TSchV).

Kontakt mit Menschen und Hunden

Hunde müssen täglich genügend Zeit mit Menschen, und wenn möglich auch mit Artgenossen verbringen können. In Zwingern oder Boxen gehaltenen Tieren ist zumindest Sicht-, Hör- und Geruchskontakt zu Artgenossen zu gewähren. Dies gilt allerdings nur für Hunde, die länger als drei Monate im Zwinger bzw. in der Box gehalten werden und nicht mindestens fünf Stunden täglich ausserhalb des Geheges Kontakt zu Menschen oder Artgenossen haben. Generell müssen Hunde jeden Tag im Freien ausgeführt werden (Art. 70 TSchV).

Kettenhaltung (leider) nicht verboten

Die Haltung von Hunden an der Laufkette – zu denken ist hier vor allem an Bauernhofhunde – ist nicht vollständig verboten, sofern den Tieren eine Fläche von mindestens 20 Quadratmetern zur Verfügung steht und sie sich mindestens fünf Stunden täglich frei bewegen können (Art. 71 TSchV).

Tiere sind keine Sache mehr

Seit dem 1. April 2003 gelten Tiere in der Schweizer Rechtsordnung (Art. 641a ZGB) nicht mehr als Sachen. Die neue Rechtsstellung von Tieren ist nicht nur von grosser symbolischer Bedeutung, sondern hat auch einige konkrete Gesetzesänderungen nach sich gezogen. Bedeutende Änderungen sind beispielsweise im Fundrecht zu verzeichnen: Unter bestimmten Voraussetzungen geht das Eigentum an einem Fundtier heute schon nach zwei Monaten – und nicht wie früher erst nach fünf Jahren – vom ursprünglichen Eigentümer auf den Finder über. Dies erleichtert insbesondere die Arbeit von Tierheimen, die gefundene Tiere schneller vermitteln können (Art. 722 ZGB).

Hunde dürfen nicht gepfändet werden

Das Schuldbetreibungs- und Konkursrecht macht auch vor Hunden nicht Halt. Heimtiere – also jene Tiere, die nicht aufgrund finanzieller Überlegungen, sondern aus emotionalen Gründen gehalten werden – dürfen seit dem Inkrafttreten des neuen Gesetzes nicht mehr gepfändet werden (Art. 92 Abs. 1 Ziff. 1a SchKG).

Tötung bleibt Sachbeschädigung

Trotz des juristischen Grundsatzes, dass Hunde keine Sachen mehr sind, gilt diese Bestimmung nicht überall, wie etwa im Kauf- oder im Arbeitsrecht. Auch im Strafgesetzbuch (StGB) werden bei tierrelevanten Sachverhalten die Vorschriften über Sachen herangezogen, so beispielsweise beim Diebstahl von Tieren oder bei ihrer Verletzung oder Tötung, die nach wie vor wie eine Sachbeschädigung behandelt wird.

Chippflicht

Seit 2007 müssen Hunde in der Schweiz durch einen Mikrochip gekennzeichnet sein. Die Verantwortung dafür, dass ein Hund spätestens drei Monate nach der Geburt – in jedem Fall aber vor der Weitergabe an einen neuen Besitzer – gechippt wird, liegt beim Tierhalter. Darüber hinaus sind sämtliche Hunde beim Animal Identity Service (ANIS) zu registrieren. Halterwechsel oder der Tod eines Hundes sind im Kanton Zürich innert zehn Tagen bei der Wohnsitzgemeinde und der Datenbank ANIS zu melden.

Hundegebell ist subjektiv

Wieviel Hundegebell ist von den Anwohnern zu tolerieren? Eine eindeutige Antwort hierauf gibt es nicht. Gemäss Zivilgesetzbuch (ZGB) darf die Lärmbelästigung nicht übermässig sein. Ab wann eine solche Übermässigkeit vorliegt, ist dabei nicht aufgrund des subjektiven Empfindens der Betroffenen zu beurteilen, sondern danach, wie ein gewöhnlicher „Durchschnittsbürger" die Situation bewerten würde. Zudem sind auch die äusseren Umstände zu berücksichtigen. So kann etwa in einer ländlichen Gegend noch erlaubt sein, was in einem urbanen Gebiet bereits als unzumutbar gilt.

Stiftung für das Tier im Recht
Rigistrasse 9
8006 Zürich
Tel.: 043-4430643
Mail: info@tierimrecht.org
Web: www.tierimrecht.org

Die Stiftung für das Tier im Recht setzt sich seit 20 Jahren beharrlich für die Anliegen von Tieren ein

Im Dschungel von Recht und Gesetz

Schweizweit einzigartig hat sich die Stiftung für das Tier im Recht (TIR) in Zürich auf die juristischen Aspekte des Tierschutzes fokussiert. Dabei setzt sich die TIR für alle Tiere ein, unabhängig davon, ob es sich um Heim-, Nutz-, Versuchs- oder Wildtiere handelt. Mit ihrer fundierten und seriösen Arbeit hat sich die Stiftung als Kompetenzzentrum für Fragen um das Tier in Recht, Ethik und Gesellschaft etabliert. In Form von fundierten rechtswissenschaftlichen Gutachten, Argumentarien und Stellungnahmen erarbeitet die Stiftung praxistaugliche Vorschläge für tragfähige Rechtsgrundlagen und einen griffigen Vollzug zum Schutz der Tiere. In Zusammenarbeit mit Politikern, Behörden und Tierschutzorganisationen versucht sie sodann, ihre Forderungen in das geltende Recht einfliessen zu lassen. Auf der TIR-Website sowie in den verschiedenen Publikationen und Broschüren der TIR finden interessierte Personen wichtige Hintergrundinformationen zum rechtlichen Tierschutz.

Umfangreiche Informationen

Weiters erteilt die TIR Ratsuchenden kostenlos schriftliche und telefonische Auskünfte rund um das Tier im Recht und veröffentlicht in verschiedenen Fachzeitschriften und Magazinen sowie der Tagespresse Beiträge zu tierschutzrelevanten Themen. Das Herzstück der TIR bildet die Fachbibliothek mit rund 15 000 Werken zum Tier in Recht, Ethik und Gesellschaft. Diese umfassende Literatursammlung bietet Wissenschaftlern, Studierenden und Medienschaffenden einen enormen Informationsfundus für ihre Arbeiten.

TIR-Datenbank

Unter www.tierimrecht.org besteht eine abrufbare Datenbank mit sämtlichen dem Bundesamt für Lebensmittelsicherheit und Veterinärwesen (BLV) seit 1982 gemeldeten Tierschutzstrafverfahren. Bis heute hat sie fast 13 000 Fälle erfasst und systematisiert. Zudem veröffentlicht die TIR jedes Jahr eine umfassende Analyse der Tierschutzstrafpraxis des jeweiligen Vorjahres. Die Stiftung finanziert sich ausschliesslich aus privaten Spenden. Sie erhält weder vom Bund noch von den Kantonen finanzielle Unterstützung. Dadurch ist sie politisch unabhängig, ist aber eben auf ihre Gönner angewiesen.

Mit anderen um die Wette zu sausen und zu spielen, ist ein zentrales Bedürfnis eines Hundes

Wie setzt sich die TIR für Hunde ein?

Wer eine rechtliche Frage zum Thema Hund hat, kann sich für eine professionelle juristische Einschätzung der Situation an den kostenlosen Rechtsauskunftsdienst der TIR wenden. Die Stiftung für das Tier im Recht stellt ihr Fachwissen zudem auf ihrer Website zur Verfügung. Unter der Rubrik „Hunde-Recht" auf der Website der TIR findet man eine Übersicht über die verschiedenen kantonalen Hundegesetzgebungen. Dieser Paragrafendschungel ist für viele Hundehalter nicht leicht überblickbar. Aus diesem Grund liefert die TIR die wichtigen Informationen schnell und leicht verständlich, sodass jeder Hundehalter weiss, welche Vorschriften in welchem Kanton gelten, wodurch unbeabsichtigte Rechtsverstösse und deren Konsequenzen vermieden werden können. Ausserdem macht sich die TIR für ein schweizweit einheitliches Hunderecht ohne Rasselisten stark.

Stiftung für das Tier im Recht
Rigistrasse 9
8006 Zürich
Tel.: 043-4430643
Mail: info@tierimrecht.org
Web: www.tierimrecht.org

Simone und Mateja üben auf der Wiese für ihr nächstes Dog Dancing Turnier

Gesundheit & Wellness

Ein Hund, der im Wasser schwebt? Kein Zaubertrick, sondern eine Behandlungstherapie, die Bello im wahrsten Sinne des Wortes wieder Beine macht. Die Möglichkeiten der Physiotherapie im Tierbereich stehen jenen der Menschen um nichts nach. Körperliche Einschränkungen und Abnützungserscheinungen können dank unterschiedlichster Methoden reduziert oder zumindest hinausgezögert werden. Und wer den modernen Physiopraxen einen Besuch abstattet, scheint sich mitunter in einem echten Wellnesstempel zu befinden, in dem man sich am liebsten gleich selbst behandeln lassen würde.

Jacqueline Meier führt den ältesten Hundesalon in Zürich

Mit Haut und Haaren

Es ist wohl der älteste Hundesalon in Zürich, der Salon Dolly in der Grüngasse 5. Die Aufzeichnungen reichen 72 Jahre zurück, doch geben würde es ihn schon viel länger, hat ihre Vorgängerin Jacqueline Meier erzählt. Sie selbst übernahm den Laden an diesem geschichtsträchtigen Ort im Kreis 4 vor 18 Jahren. Und auch das ist wieder eine besondere Geschichte,

Jacqueline Meier führt den ältesten Hundesalon in Zürich

denn die 48-Jährige ist eidgenössisch diplomierte Hundecoiffeuse. Sie absolvierte noch eine dreijährige Lehre mit Berufsschule. Das bringt für die vierbeinigen Kunden zahlreiche Vorteile mit sich. „Wir hatten unter anderem auch Anatomieunterricht", erzählt die gebürtige Zürcherin. Deshalb gehört es zu ihrem Service, den Tieren die Ohren, das Gebiss und nach Bedarf auch die Analdrüse zu kontrollieren. „Wenn mir bei der Arbeit Krankheitszeichen wie Milbenbefall oder Hautveränderungen auffallen, gebe ich den Haltern den Tipp, zum Tierarzt zu gehen", sagt Miss Dolly, bei der ein kleiner Gesundheitscheck also inklusive ist.

Richtiges Kämmen will gelernt sein

Ansonsten gehören neben dem Baden, Föhnen und Scheren auch das Schneiden der Krallen zum Standardprogramm. Viele Vierbeiner sind Stammkunden im Salon Dolly. Der große dunkle Briard etwa, der eben neugierig über die Absperrung lugt, kommt einmal die Woche zum Bürsten. Sein feines Fell verfilzt besonders leicht. Als ihn sein Herrchen das erste Mal brachte, sei es Schwerstarbeit gewesen, das verknotete Fell zu entwirren. Das ist auch für den Hund sehr unangenehm, ja sogar schmerzhaft. „Ich bin Hundefrisörin und nicht Tierquälerin", ärgert es Jacqueline Meier, wenn wieder einmal ein Tier in ihre Hände gelangt, das zwar optisch einen gepflegten Eindruck vermittelt, doch unterhalb des Haars eine Panzerschicht die Haut am Atmen hindert. „Einen kleinen Malteser musste ich regelrecht von seinem Korsett befreien", erinnert sie sich, „da habe ich zweieinhalb Stunden Blut und Wasser geschwitzt vor lauter Angst, das zarte Tier mit der Schere zu verletzen." Doch nach getaner Arbeit kam ein hübscher, wenn auch deutlich kleinerer Hund zum Vorschein, der quietschvergnügt durch den Laden tollte. Dass derartige Verfilzungen passieren, hat oft wenig mit Verwahrlosung zu tun. Fassungslos schüttelte die Besitzerin ihren Kopf, als Jacqueline Meier sie darauf aufmerksam machte. „Ich bürste ihn doch täglich", bestätigt das Frauchen. Doch nicht immer ist das verwendete Werkzeug auch das richtige. Darum nimmt sich Jacqueline Meier auch gerne Zeit, den Haltern das korrekte Kämmen und das passende Zubehör zu zeigen. Eben nach dem Motto: Gewusst wie.

Tagesmutter für Vierbeiner

Die Hundecoiffeuse ist nebenbei aber auch noch „Tagesmutter" für Hunde, deren Frauchen oder Herrchen tagsüber arbeiten müssen. Daher beginnt sie mit der Arbeit im Salon auch erst um 9 Uhr. Und auch über Mittag ist geschlossen. Diese Zeit gehört den Hort-Vierbeinern. Aber auch ein bisschen ihr, denn Spaziergänge in der Natur schätzt sie ebenso wie es die Hunde tun. Und noch eine ganz besondere Vorliebe hat Jacqueline Meier: Duftkerzen. Davon profitieren auch ihre Kunden. „Mein Gott, bei Ihnen riecht es aber gut", stellte zuletzt eine junge Frau fest, dass im Salon Dolly kein typischer „Nasser-Hund-Geruch" in der Luft liegt. Und weil sie diesen herrlichen Odeur ab jetzt auch in ihrem Zuhause haben will, erwarb sie gleich zwei Duftkerzen mit den klingenden Namen Yankee Candle.

Hundesalon Dolly
Jacqueline Meier
Grüngasse 5
8004 Zürich
Tel.: 044-2419118
Mail: jackydog@bluewin.ch
Web: www.hundesalon-dolly.ch

Werbung

Werbung

piccobello

Die waschbare Hundewindel.

www.piccobello-hundewindel.de
Tel: 0049-7626-898997

Die perfekte Lösung für inkontinente Hunde und läufige Hündinnen!

Physiotherapie für Hunde

Schmerz lass nach

Die Therapie am Unterwasserlaufband wird von Tierärzten nach verschiedenen Operationen empfohlen

Hunde sind auch nur Menschen. Jedenfalls die Anatomie betreffend. Sie plagen sich wie ihre Besitzer nach grosser Anstrengung mit Muskelkater, leiden an Verspannungen, bekommen im Alter Arthrose oder erdulden chronische Gelenksbeschwerden. Sie kennen das? Ihr treuer Begleiter auch. Und ihm tun dann Wärmetherapie, Massagen, Gerätetraining oder Lymphdrainagen gut, um den Körper wieder auf Vordermann zu bringen.

Zusammenarbeit mit Tierärzten

Siw Heiniger ist Hunde-Physiotherapeutin und der Name ihrer Praxis Programm. Hunde-Physio Pudelwohl steht es gross geschrieben. Und genau das ist auch das Ziel der gelernten Krankenpflegerin. Um den Vierbeiner möglichst schnell wieder schmerzfrei zu bekommen, gibt es mehrere Methoden: Massage, Elektrotherapie, Magnetfeldtherapie oder Thermotherapie. Alles dient der Rehabilitation. Darum tauscht sich die 42-Jährige auch gerne mit dem behandelnden Tierarzt aus. Vor allem wenn es um Krankengymnastik als Reha-Maßnahme geht. Denn eines kann und will sie auf keinen Fall: den Veterinärmediziner ersetzen.

Berührungen akzeptieren lernen

Dass Siw Heiniger auch Hundetrainerin ist, entpuppt sich als grosser Vorteil. „Ich kann sehr gut einschätzen, ob der Hund tatsächlich Angst hat oder einfach noch nicht in der Lage ist, die entsprechende Bewegung auszuführen." Auch weiss sie, wie wichtig es ist, dass der vierbeinige Patient am Anfang genügend Zeit bekommt, den Therapieraum zu erschnüffeln und auch die für ihn unbekannte Art der Berührung akzeptieren zu lernen. Julius beispielsweise ist längst ein Profi. Wenn die Therapeutin die Elektroden im Fell befestigt, legt sich der Mops gleich gemütlich auf die Matte. Er hat längst das angenehme Gefühl des therapeutischen Stromes zu schätzen gelernt. Das immer lauter werdende Schnarchen macht deutlich, wie sehr er sich dabei entspannt.

Siw Heiniger möchte den Hund so schnell wie möglich wieder fit bekommen

Bewegungstraining am Unterwasserlaufband

Auch ein Unterwasserlaufband mit Strömungswiderstand gehört zu den Therapiegeräten, die Siw Heiniger verwendet. „Dabei wird die Auftriebskraft des Wassers ausgenutzt und das Bewegungstraining kann durch weniger Belastung der Knochen und Gelenke ausgeführt werden", erzählt die Fachfrau. „Ich verwende es beispielsweise um die Muskulatur zu kräftigen oder die Kondition zu verbessern." Doch nicht nur die Schmerzlinderung führt Hundebesitzer mit ihrem Liebling in die Praxis nach Wolfhausen/ZH im Bezirk Hinwil. „Manche Besitzer buchen auch einfach eine Wohlfühl-Stunde für ihr Tier." Aber Sie wissen bestimmt selbst, wie gut Wellness tut. Und wer will sich schliesslich nicht auch pudelwohl fühlen.

Hundephysio Pudelwohl
Siw Heiniger
Lochrütistrasse 8
8633 Wolfhausen
Tel.: 079-6411894
Mail: physio@pudelwohl.org
Web: www.pudelwohl.org

Die Radio-Onkologie an der Vetsuisse-Fakultät Zürich zählt zu den modernsten in Europa

Mit Strahlenenergie gegen den Tumor

Sichtlich erschöpft liegt Mäxchen am Boden. Gleich zwei Tierpflegerinnen haben sich neben den dunkel gestromten Boxer gehockt. Sanft streicheln sie ihrem Sorgenkind den Rücken, während der Rüde langsam wieder aus der Narkose erwacht. Obwohl die Anästhesie nur von kurzer Dauer war und auch an der Medikation nichts geändert wurde, kam es heute zu einem kleinen Zwischenfall. Der Rüde krampfte plötzlich. „So etwas kommt bei uns eigentlich so gut wie gar nicht vor", erklärt die leitende Tierärztin Dr. Carla Rohrer Bley und ist sichtlich betroffen. Zehn bis zwölf Narkosen werden hier in der Radio-Onkologie des Tierspitals der Vetsuisse-Fakultät in Zürich täglich durchgeführt. „So etwas ist bei uns erst das zweite Mal in den letzten Jahren passiert." Rohrer Bley kann auf 14 Berufsjahre in der Strahlentherapie zurückblicken. Sie ist damit europaweit eine der Dienstältesten auf diesem Fachgebiet. Obgleich das Wort älter relativ zu betrachten ist. Denn die Veterinärmedizinerin ist mit ihren 43 Jahren verhältnismässig jung. Überhaupt gibt es europaweit nur sieben Spezialisten mit Fachausbildung in der Radio-Onkologie. Dr. Carla Rohrer Bley zählt dazu. Zudem besitzt das Tierspital Zürich einen sehr gut ausgerüsteten Linearbeschleuniger. „Es handelt sich um das beste Gerät in Europa, das derzeit in der Veterinärmedizin eingesetzt wird", ist sie sichtlich stolz auf die hochwertige medizinische Ausstattung und den Ruf, dass die Fakultät der Universität Zürich zu den besten veterinärmedizinischen Zentren zählt. „Durch die ausserordentliche Zielgenauigkeit des Linearbeschleunigers kann der Tumor punktgenau bestrahlt werden, was wiederum das gesunde Gewebe schont." Kein Wunder, dass selbst aus dem Ausland Vierbeiner zur Therapie kommen. Etwa aus Deutschland, Österreich und Italien.

```
Wann ist eine
Behandlung sinnvoll?
```

Sam beispielsweise kommt aus Lausanne und gehört daher zu den stationären Patienten. Der neunjährige Golden Retriever leidet an einem Gehirntumor. „Als ihn seine Besitzer brachten, konnte er nicht mal mehr stehen", erinnert sich die Tierärztin. Als der Hund nach den ersten paar Bestrahlungssitzungen wieder abgeholt wurde und Frauchen und Herrchen

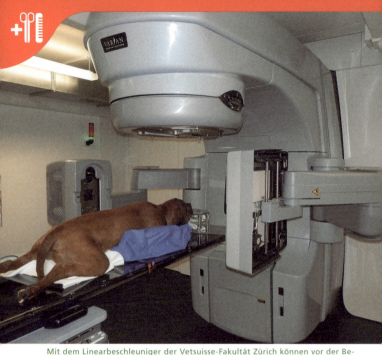

Mit dem Linearbeschleuniger der Vetsuisse-Fakultät Zürich können vor der Bestrahlung Röntgenbilder gemacht und mit den Bildern der Planungs-CT verglichen werden. Stimmen diese nicht überein, kann der Behandlungstisch per Knopfdruck in die exakte Behandlungsposition gefahren werden

schwanzwedelnd entgegenlief, weinten beide vor Freude. „Wir können Sam zwar nicht heilen", erklärt Rohrer Bley, „aber wir können ihm nochmals bis zu zwei Jahre Lebenszeit schenken und das bei guter Lebensqualität." Früher wurden Hunde wie Sam eingeschläfert. Heute ist praktisch auch in der Veterinärmedizin alles möglich. Gleichzeitig stellt sich aber auch die Frage, welche Behandlung wirklich sinnvoll, bezahlbar und ethisch oder rechtlich vertretbar ist. „Das muss von Fall zu Fall immer wieder neu entschieden werden", sagt Rohrer Bley. Denn so einzigartig wie die Patienten seien auch die Krankheitsbilder. Nicht jedes Tier habe die Bereitschaft ein derartiges Procedere mitzumachen. „Dann ist Erlösen allenfalls die bessere Alternative", so die Tierärztin. Wird die Therapie jedoch durchgeführt, gilt in der Veterinärmedizin die Lebensqualität des Tieres als oberstes Gebot. „Wir akzeptieren nur wenig Nebenwirkungen", sagt die Radio-Onkologin. Der Grund dafür ist einfach: Einem Menschen kann man erklären, warum es ihm nun so schlecht geht. Einem Tier eben nicht. Daher unterscheidet sich

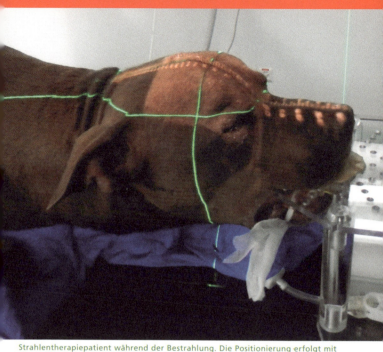

Strahlentherapiepatient während der Bestrahlung. Die Positionierung erfolgt mit einem Kissen und einem Beissblock

die Behandlung lediglich durch die Dosierung. Sonst basiert die Krebsbehandlung ebenso auf den drei Säulen chirurgische Behandlung, Chemotherapie und Strahlentherapie. Welche Behandlungsmethode zum Einsatz kommt, ergibt sich aus der Art des Tumors, der Lokalisation sowie dem Alter und Allgemeinzustand des Tieres.

Bestrahlung verbessert die Lebensqualität

In der Veterinärmedizin wird zur Strahlentherapie hauptsächlich der Linearbeschleuniger eingesetzt. Zu Beginn der Therapie entscheidet sich, ob der Patient kurativ, also heilend oder palliativ behandelt wird. Letzteres dient vor allem dazu, Symptome wie Schmerzen zu lindern und so über einen möglichst langen Zeitraum eine bestmögliche Lebensqualität zu erzielen.

Bei kurativ behandelten Patienten so wie bei Sam wird aber versucht, den Tumor gänzlich zu zerstören oder sehr lange zu verkleinern und zu stabilisieren. Sein Gehirntumor ist inzwischen deutlich kleiner geworden. Trotzdem hat der neunjährige Rüde noch einige Sitzungen vor sich. Ein blaues Liegekissen ist mit seinem Namen angeschrieben. Es wurde genau an seine Körperform angepasst. Damit wird sichergestellt, dass Sam immer wieder in dieselbe Position gebracht werden kann. Auch der Gummiabdruck seines Oberkiefers dient zur exakten Positionierung. Dafür wird er auf einer Kunststoffplatte fixiert. Die punktgenaue Bestrahlung erfordert höchste Präzision. „Der Tumor soll so viel Strahlung wie möglich abbekommen, das Gewebe ringsum ganz wenig", erklärt die Tierärztin. Kein Wunder, dass die durchschnittliche Vorbereitungszeit, zu der auch die Berechnung des Strahlenfeldes gehört, zwischen vier und sieben Stunden dauert. Die Kosten können dabei einige hundert, bis zu mehrere tausend Franken ausmachen. Kein Pappenstiel für die Tierbesitzer.

Emotionaler Beruf

In der Zwischenzeit hat sich auch Mäxchen wieder erholt. Er steht zwar noch etwas wackelig auf den Beinen, seine behandelnde Tierärztin begrüsst er dennoch mit einem kräftigen Schwanzwedeln, das den ganzen Po mitschwingen lässt. Sie geht in die Knie und betrachtet das Sarkom an seiner linken Vorderpfote. „Sieht gut aus", erklärt sie und flüstert dem Boxer-Rüden lobende Worte ins Ohr. Auch sie hat ihn längst ins Herz geschlossen. „Früher waren mir Emotionen eher peinlich", gibt sie ehrlich zu, „heute weiss ich, dass sie zu meinem Beruf dazugehören und ich schäme mich nicht mehr, wenn auch mir beim Einschläfern eines Tieres die Tränen runterlaufen." Bevor die Tierärztin aufsteht, streichelt sie dem Hund nochmals liebevoll über den Rücken. Dann setzt sie fort: „Wir begleiten unsere vierbeinigen Patienten ja über einen längeren Zeitraum. Da schliesst man die Tiere schon ins Herz." Im Regal hinter ihrem Schreibtisch greift die Leiterin der Radio-Onkologie nach einem weissen Kuvert. „Sechs Jahre nachdem ihr Goldie bei uns in Behandlung war, bekam ich diesen Brief." Sie zieht ein handbeschriebenes Papier und ein Foto aus dem Umschlag. „Die Besitzer bedanken sich nochmals und schreiben wie gut es ihrem Hund geht", fasst sie den Inhalt kurz zusammen. Und ein 50 Franken Schein für die Kaffeekassa sei auch dabei gewesen. „Das sind die schönen Erlebnisse", sagt sie. Aber auch wenn eine Heilung nicht mehr möglich ist, in der Radio-Onkologie gibt es für Frauchen und Herrchen dennoch ein wertvolles Geschenk: Zeit. Manchmal nur wenige Monate, manchmal auch Jahre. Aber sie ist immer eine glückliche.

Abteilung Radio-Onkologie
Vetsuisse-Fakultät Universität Zürich
Winterthurerstrasse 260
8057 Zürich
Tel.: 044-6358324
Mail: onkologie@vetclinics.uzh.ch
Web: www.tierspital.uzh.ch

Einzigartige Schwimmtherapie für Vierbeiner
Damit die Felle nicht davonschwimmen

Ein freundliches Grüezi von Frauchen Piroska Gavaller-Rothe. Und auch ihr Vierbeiner Grisito scheint mit seiner leicht geöffneten Hundeschnauze und dem freudigen Schwanzwedeln zu sagen: „Sali, do bi i". Schnell zieht es den Mischlingsrüden jedoch zur Futterschüssel, die Physiotherapeut Daniel Rickenbacher mit Lachsöl gefüllt hat. Gelenksschmiere, denn der dickliche orangefarbene Saft mit seinen Omega3-Fettsäuren ist für seine entzündungshemmende und schmerzlindernde Wirkung bekannt. Ohne dem Geschäftsführer von Kynofit etwas unterstellen zu wollen, liegt die Vermutung nahe, dass der goldene Schuss auch der Gestik von ein klein wenig Honig ums Hunde-Maul schmieren nahe kommt. Im Fall von Grisito wirkt der leckere Trank wie eine Art Motivationsspritze. Die Aussicht nach mehr soll den zweijährigen Jungspund für die einstündige Schwimmtherapie, die nun bevorsteht, bei Laune halten. Die kontrollierten Bewegungen im warmen, salzhaltigen Wasser stärken seine Muskulatur und lindern die Schmerzen, an denen der Hund trotz seines jugendlichen Alters leidet. Ursache dafür ist eine Hüftdysplasie – kurz HD genannt. Dabei handelt es

Langsam lässt Therapeut Daniel Rickenbacker Grisito ins Wasser gleiten

Immer wieder hält Daniel Rickenbacher den Hund fest, damit er sich kurz erholen kann

sich um eine Fehlbildung des Hüftapparates. Die beiden gelenksbildenden Knochen, die Gelenkspfanne und der Oberschenkelkopf, passen nicht korrekt aufeinander.

Exot auf Erfolgskurs

Gerne nimmt seine Besitzerin die rund 40-minütige Fahrzeit von Salenstein am Bodensee nach Illnau-Effretikon im Kanton Zürich in Kauf, um ihrem Liebling diese besondere Therapieform zu ermöglichen. Sie will ihrem Grisito eine Hüftoperation so lange wie möglich ersparen. Mittlerweile steht der Hund im 38 Grad temperierten Salzwasser. Behutsam berührt der Physiotherapeut den Körper des Tieres, massiert sanft die Muskulatur und testet die Beweglichkeit jedes einzelnen Gelenkes. Der Rüde scheint das alles völlig gelassen hinzunehmen, er scheint es sogar zu geniessen. „Klar", bestätigt Daniel Rickenbacher, „die Wärme lockert die Muskulatur und lindert seine Beschwerden." Das ist sehr wichtig, da der Hund im Alltag durch seine schmerzbedingte Schonhaltung den ganzen Körper falsch belastet und sich verspannt.

Spielzeug schürt
die Motivation

Erst wenn die verkrampften Gliedmaßen locker sind, das Tier also aufgewärmt ist, geht's ins grössere Trainingsbecken. Hier ist das Wasser mit 31 Grad deutlich kühler, weil der Hund im Becken arbeiten muss. Der Rüde muss nun im wahrsten Sinne des Wortes gegen den Strom schwimmen. Wohl dosiert versteht sich. Daniel Rickenbacher erweist sich auch als Schwimmlehrer als wahrer Motivationskünstler. Denn während der Vierbeiner im Wasser seine Vorder- und Hinterläufe bewegt, hält ihm Rickenbacher das beliebte Hundespielzeug Kong Wubba vor die Nase. Grisito findet sofort Gefallen daran und beginnt an den blauen Armen des Spielzeugs zu zerren, sobald er sie erfasst hat. „Beim Schwimmen machen die Hunde Bewegungen, die sie sonst aufgrund der Schmerzen nicht ausführen würden", erklärt er, während das Wasser heftig aus dem Becken spritzt und dem Therapeuten eine kalte Dusche verpasst. Rickenbacher ist solche Situationen gewöhnt. Ohne den Hund loszulassen, wischt er sich mit dem Arm das Wasser aus dem Gesicht und sagt weiter: „Im Wasser fehlt das Eigengewicht, das entlastet den Hund. Die Bänder und Sehnen werden so schonend gestärkt, die Muskulatur wird aufgebaut und gleichzeitig wird die Herz- und Kreislauftätigkeit angeregt und gefördert." Der 58-Jährige kontrolliert dabei jede Bewegung. Die Therapie soll schliesslich gezielt erfolgen. So hält er den Hund hinten fest, damit er sich auch wirklich biegen muss, um sein Spielzeug zu erreichen.

Einzigartig in der Schweiz

Daniel Rickenbacher, der Kynofit vor zwölf Jahren als erstes Rehabilitations- und Hydrotherapie-Center für Hunde in der Schweiz eröffnet hat, ist bis heute der einzige geblieben, der sich auf diese Art von Schwimmtherapie spezialisiert hat. Die Art mit der er die Tiere trägt und ihnen motivierende Worte zuflüstert, ist nicht nur für seine grosse Liebe zu Hunden signifikant, sondern ist auch eine Ausdrucksform seiner beruflichen Leidenschaft. Die lebte er einst auch in seiner Profession als Kunstschmied aus. Doch als sein Golden-Retriever-Rüde an beiden Knien operiert werden musste und die einzige schonende Bewegungstherapie das Schwimmen im See gewesen wäre, entschied sich der Zürcher Unterländer, sozusagen vom Kunstschmied zum Gesundheitsschmied für Hunde umzusatteln. Er absolvierte in Deutschland und Belgien eine Ausbildung zum Hundephysio- und Hydrotherapeuten und gründete das Unternehmen Kynofit AG. Was anfänglich als exotisch wahrgenommen wurde, hat sich nach mehr als einem Jahrzehnt zu einem angesehenen Zentrum für aktive Bewegungstherapie im Wasser entwickelt.

Möglichkeiten der Therapie

Wurden früher Hunde mit Rückenmarksinfarkt, degenerativer Myelopathie oder Spondylose in der Regel eingeschläfert, macht die Physio- und Hydrotherapie heutzutage einiges möglich. So greifen auch Tierärzte vermehrt zum symbolischen Überweisungsschein und raten in diesen oder anderen Fällen zum Bewegungstraining in Form einer Schwimmtherapie. Rickenbacher erinnert sich etwa an einen Rottweiler, der nach einem Unfall und der erfolgreichen Operation an der Halswirbelsäule völlig gelähmt war. Ein Video, auf dem zu sehen ist, wie der schwere, kräftige Hund bewegungslos im Wasser hing, hat er ins Netz gestellt. Ebenso die Fortschritte, die verdeutlichen, dass auch bei scheinbar aussichtslosen Fällen die Felle nicht davon schwimmen müssen. Nach drei intensiven Therapiemonaten konnte das Schwergewicht wieder laufen.

Übungen für daheim

Auch beim HD-Patienten Grisito sind die Erfolge sichtbar. „Freunde, die uns besuchen kommen und unseren Buben länger nicht gesehen haben, bestätigen, dass er wieder besser auf den Beinen steht", erzählt Besitzerin Piroska Gavaller-Rothe, während der Therapeut das Hebe-Gewand zurecht zieht, um den 40 Kilo schweren Rüden mit dem Hebelift aus dem Wasser zu hieven. Zurück im warmen Jacuzzi-Bad darf der müde gewordene Vierbeiner nochmals entspannen. Daniel Rickenbacher überprüft derweil, wo noch Handlungsbedarf besteht. Dann geht's wieder in die Dusche, zum Trocknen und dann ab nach Hause. Natürlich nicht ohne Hausaufgaben. Denn es ist enorm wichtig, dass der Tierhalter die Therapie mit unterstützt.

Kynohelp - wenn's finanziell knapp ist

Dass diese Therapie natürlich ins Geld geht, versteht sich von selbst. Piroska Gavaller-Rothe bezahlt für einen Zehnerblock knapp 1160 Franken. Bei einem Therapierhythmus von ein, zwei oder bei Lähmungen sogar drei Lektionen pro Woche kommt da schnell eine grössere Summe zusammen. Zwar sind immer mehr Tierhalter versichert, aber doch kommt es vor, dass jemand die Mittel für die Therapie nicht aufbringen kann. Für diesen Fall hat der Physio- und Hydrotherapeut die Stiftung Kynohelp ins Leben gerufen. Im Bedarfsfall werden Kosten (zum Teil) übernommen. Schliesslich ist es Daniel Rickenbacher ein Anliegen, jedem rehabilitationsbedürftigen Hund die nötige, vom Tierarzt verordnete hydrotherapeutische Behandlung zu ermöglichen.

Kynofit AG
Daniel Rickenbacher
Rikonerstrasse 22
8307 Effretikon
Tel.: 052-3438767
Mail: contact@kynofit.ch
Web: www.kynofit.ch
Web: www.kynohelp.ch

Hilfe bei Darmproblemen

Hunde sind auch nur Menschen

Die Experten Regina und Reinhold Kuehl von der Sanyata AG wissen, was dem Vierbeiner bei Darmproblemen guttut. Der Darm ist der wichtigste Teil des Verdauungsapparates. Ist er aus dem Takt, schwächelt auch das Immunsystem. Das Immunsystem muss sich tagtäglich gegen tausende Keime und Bakterien zur Wehr setzen und kann leicht aus dem Gleichgewicht geraten. Versagt dieser Schutzschild, wird unser vierbeiniger Liebling krank. Darum ist es wichtig, unser Abwehrzentrum optimal zu stärken – doch wie? „Ich empfehle meinen Kunden eine Darmsanierung für ihren Vierbeiner", sagt Regina Kuehl, die mit Ehemann Reinhold das in Salenstein beheimatete Unternehmen Sanyata AG leitet.

Heilkraft der Kräuter

Das Ziel des Unternehmens ist, auf Basis der Phytotherapie wirkungsvolle, natürliche und ethisch verantwortliche Produkte für Tiere zu entwickeln. In der umfangreichen Palette an Naturprodukten, die von Gelenkproblematiken bis hin zu Allergieproblemen reicht, findet man auch etwas Besonderes: das Hefe-Liquid. „Der Trunk beinhaltet inaktivierte Lebendhefe und ist eine Bombe an Vitaminen und Nährstoffen", erklärt die Expertin und fügt hinzu: „die Natur macht uns die grössten Geschenke." Das Wissen und Wirken um die Heilkraft der Kräuter geht zurück bis zu den Aufzeichnungen von Paracelsus, Hippokrates, Sebastian Kneipp und Hildegard von Bingen. Die Produkte der Sanyata AG basieren auf solch altem Wissen, Traditionen und überlieferten Rezepturen. Dazu zählt beispielsweise auch der Aloe Vera Essig Trunk. Er enthält fermentierten Apfel-Essig und wirkt entgiftend und entschlackend auf den Hundekörper. Nicht zu vergessen die Derma-Lotion sensitiv, die bei Hautkrankheiten und Hautirritationen wie Juckreiz, Ekzemen oder anderen Veränderungen angewendet werden kann und frei von Parabenen, PEG und chemischen Konservierern ist, ohne Paraffine oder Erdölverbindungen.

Tieren ist das Wissen angeboren

Tiere wenden die Phytotherapie - zu Deutsch Pflanzenheilkunde - seit Jahrtausenden intuitiv und ganz

Sanyata-Produkte basieren auf solch altem Wissen und überlieferten Rezepturen

selbstverständlich an. Hunde, Schimpansen und andere Tiere kauen bei Verdauungsstörungen auf bestimmten Pflanzen herum, die sie sonst nie fressen würden. Rotwild wälzt sich bei Verletzungen in bestimmten Kräutermatten und Vögel polstern ihr Nest mit aromatischen Kräutern, um ihre Küken besser gedeihen zu lassen.

```
Naturprodukte in
Schweizer Qualität
```

Zur Philosophie von Regina und Reinhold Kuehl gehört es auch, den Tierhaltern den Umgang mit Heilkräutern für ihren vierbeinigen Liebling näher zu bringen. Wichtig ist den beiden jedoch, dass die klassische Veterinärmedizin niemals in Frage gestellt wird. „Es gibt Erkrankungen, die den Einsatz absolut notwendig machen", sagt der Experte, „wir können erst nach einer abgeschlossenen tierärztlichen Behandlung mit unseren Produkten versuchen, z. B. das Immunsystem wieder in Balance zu bringen." Übrigens: Die Produktpalette der Sanyata AG wird selbstverständlich ausschliesslich in der Schweiz entwickelt – ohne Tierversuche. Die Produktion im eigenen Haus erfolgt nach den Mondständen.

Sanyata AG
Lochstrasse 19
8268 Salenstein
Tel.: 071-6600011
Mail: kuehl@sanyata.ch
Web: www.sanyata-medicals.com

Bio, vegan und Badewanne ....

„Hund & Herrchen" – die erste Naturkosmetik für Hunde

Der acht Jahre alte Labrador Chester fühlt sich pudelwohl. Besonders wenn er sich bei Wind und Wetter in Pfützen stürzen und in Schlamm baden kann. Ebenfalls beliebte Hobbies von Chester: Das Wälzen in Aas oder das Suhlen in totem Fisch am Strand. Für Herrchen Reinhard Krinke ist das Verhalten seines besten Freundes ganz normal und natürlich – das anschließende Baden von Chester ebenso. Doch jetzt hat er eine eigene Lösung gefunden: Unter dem Label „Hund & Herrchen Naturkosmetik" hat Reinhard Krinke eine Pflege für Hunde entwickelt, die vegan, ökologisch und rein natürlich ist. „Hund & Herrchen" ist die erste Naturkosmetik-Pflegeserie für Hunde, die haargenau dieselben Richtlinien kontrollierter und zertifizierter Naturkosmetik-Standards für Menschen erfüllt.

Dass das Baden von Hunden in der Hunde-Community nicht unumstritten ist, weiß Krinke. Viele Hundehalter sind skeptisch gegenüber den – teilweise nicht deklarierten – Inhaltsstoffen der Pflegeprodukte. Und dieses Misstrauen ist begründet, so Krinke: „Schließlich ist Steuerzahler Hund rein juristisch gesehen für den Gesetzgeber nicht mehr als ein Gegenstand". Das bedeutet, dass sich Hersteller von Hundeshampoos nicht an die strengen Auflagen der Kosmetikverordnung halten müssen, die für Produkte für Menschen gelten. Im Gegenteil: Viele Shampoos für Hunde enthalten reizende, aggressive und gesundheitsgefährdende Stoffe, die sowohl das Fell als auch die Haut angreifen und Allergien, im schlimmsten Fall sogar Krebs, auslösen können. „Überspitzt formuliert", so Krinke, „sind konventionelle Hundeshampoos Tierquälerei für den Hund und Konsumententäuschung für Herrchen."

Reinhard Krinke wollte deshalb nicht nur für seinen Chester ein pflegewirksames und gleichzeitig schonendes Badeshampoo erfinden. Der Tüftler und Unternehmer aus Mannheim sah in seiner Aufgabe als Hersteller für Naturkosmetikprodukte dringenden Handlungsbedarf, eine sichere und sinnvolle Pflegeserie für alle Hunde auf dieser Welt zu entwickeln. Doch das war leichter gesagt als getan. Mehr als vier Jahre dauerte die Ausarbeitung der perfekten Formel. Denn um eine schonende Wirkung des jeweiligen Pflegeproduktes zu garantieren, sollte der pH-Wert des Hundes vor und nach dem Baden konstant sein. Nur dann ist gewährleistet, dass der natürliche Säureschutzmantel (Lipidfilm) der Haut erhalten bleibt. Aufwendige dermatologische Tests waren nötig. Und genau hier wurde es kompliziert. Einerseits besitzt jede Hunderasse aufgrund der unterschiedlichen Fellbeschaffenheit einen spezifischen pH-Wert. Andererseits war die

Erfinder und Herrchen Reinhard Krinke mit seinem Labrador Chester

Ermittlung des pH-Wertes aufwendig, da dieser bislang nur über direkten Kontakt mit der Hundehaut ermittelt werden konnte. Sprich, das Fell musste ab – für jede zu testende Hunderasse. Um nicht das eigentliche Ziel aus den Augen zu verlieren und einer neuen Profession als Hundefriseur zu frönen, musste eine alternative Messmethode her. Selfmademan Krinke baute schließlich in Eigenregie eine dermatologische Maschine mit einer ökonomischen Sonde. Jetzt konnte die pH-Wert-Bestimmung speziell für die Haut von Hunden ohne das Abrasieren des Fells exakt durchgeführt werden. Gleichzeitig konnte er über eine Zeitungsannonce soviele vierbeinige Probanden finden, dass schließlich der pH-Wert von mehr als 150 Hunderassen ermittelt werden konnte. Nach ausgiebiger Forschung entstand schließlich die erste Hundepflege, die rein natürlich und völlig frei von chemischen Inhaltsstoffen ist.

Alle Produkte von „Hund & Herrchen" sind garantiert 100 % vegan und somit frei von tierischen Inhaltsstoffen. Sie reinigen und pflegen den Hund ohne Parfüme, Farbstoffe, Paraffine, PEGs, Parabene und Silikone.

Das lange Forschen nach der richtigen Rezeptur hat sich gelohnt. Auf der VIVANESS 2015, der internationalen Fachmesse für Naturkosmetik, in Nürnberg hat „Hund & Herrchen" den Preis für das beste Produkt des Jahres 2015 gewonnen.

Chester kann also weiterhin mit gutem Gewissen seinen vielfältigen Hobbies nachgehen. (Text: Frank Petrasch)

Hund & Herrchen Naturkosmetik
Mallaustraße 99
68219 Mannheim
Tel.: 0621-81911891
Fax: 0621-81911893
Mail: info@hund-herrchen.com
Facebook: www.facebook.com/hundeshampoo
www.hund-herrchen.com

Shopping & Lifestyle
Leben & Arbeiten

Kleidung für den Hund – Ist so etwas überhaupt nötig? Fakt ist, dass der Hund von heute nicht mehr mit jenem Wesen verglichen werden kann, das über Jahrhunderte auf der Strasse oder mit Halsband und Kette auf Höfen lebte. Glücklicherweise haben sich die Zeiten geändert. Denn auch Hunde frieren im Winter oder brauchen ein funktionales Gstältli, das ihren Bedürfnissen entspricht. Und warum sollte dies keinen modischen Touch haben? Wer will, kann sich auch gleich selber stylen und dann bei einer Hundefotografin ein Bild für die Ewigkeit machen lassen.

Die humorvolle Designerin Sonja Rieser fertigt Hundemode nach Mass

Dog Couture für kosmopolitische Stadthunde

Schon das Schaufenster des kleinen Lädelis ist eine Wucht. Nicht nur wegen der schmucken historischen Fassade am Haus Neumarkt 1 in Zürichs Altstadt. Das Sammelsurium schöner Dinge, dekoriert mit Witz und einer gehörigen Portion Detailverliebtheit, lädt zum Entdecken ein. Ein Plüschhund, zur Schaufensterpuppe umfunktioniert, trägt ein schickes Halsband, verziert mit Knöpfen und Stickereien. Dog Couture für einen Spaziergang durch die Stadt der Banken und des Luxus. Daneben witzige Hundefigürchen aus Porzellan, Keramik, Hartgummi oder Plüsch. Klimbim zusammengetragen auf verschiedensten Flohmärkten, gefunden in alten Krimskramsläden oder entdeckt bei einem Trödler. Rechts im Eck stapeln sich blumige Hundebettchen, lustige Bademättli, selbstgenähte Quilts, farbige Futternäpfe, Robidog-Tüten in Hellblau mit Blümchen und vieles mehr. Prominent präsentieren sich die Couture-Teile bestückt mit frechen Applikationen und die handgestrickten buntgemusterten Pullis. Sonja Rieser, die diese Unikate von Hand gestrickt hat, zeigt dabei einen vorwitzigen und neckischen Humor, indem sie fast schon dreist eine kesse Katze auf den Hunde-Pulli platziert. „Ich provoziere gern", bestätigt sie ihre Lust, ganz beiläufig für gute Laune zu sorgen.

Guetzlis für tierische Kunden

Spätestens jetzt ist der vorbeischlendernde Tierfreund derart in Bann gezogen, dass er durch die gläserne Tür tritt. Dort trifft er, nach einer freundlichen Begrüssung durch ihre Hunde Lili und Toulouse, auf eine charmante Frau und die ebenso sympathische Mitarbeiterin Ursula Maier. „Sie schmeisst mir den Laden", verrät die 50-Jährige und ihr roter Mund formt sich zu einem hübschen Lächeln. Sie selbst kann sich dann beruhigt verziehen und im Hintergrund eintauchen in ein Meer aus Wollknäueln, durch eine Fülle von Stoffen wühlen oder ganz einfach die Nadeln glühen lassen. So wie es eben ihre grosse Leidenschaft ist. Sonja Rieser hat im Sommer 2014 petit compagnon ins Leben gerufen und damit die Lücke gefüllt, die durch die Schliessung des Geschäftes Samen Mauser in der gerademal drei Minuten entfernten

Eine Fundgrube für Hundehalter, die das Besondere lieben

Marktgasse entstanden ist. „Viele der Kunden bestätigen mir, wie froh sie sind, ihr langjährig bewährtes Futter nur eine Strasse weiter zu bekommen", erzählt die Inhaberin. Und für die Hunde gibt es ebenso gewohnheitsmässig eines oder auch mal mehrere Guetzlis.

Raffinierte Handtaschen

Auch sonst empfiehlt es sich, regelmäßig auf einen Sprung im sonnengelben Lädeli vorbeizuschauen. Sonja Rieser, die eigentlich die Designerin stadtbekannter Hüte ist, sprüht vor Ideen und Tatendrang und ist somit immer für eine Überraschung gut. Das neueste Projekt, das die kreative Modeschöpferin in Angriff genommen hat, sind Hundetaschen für den öffentlichen Verkehr wie Zug, Tram, Schiff. Eine raffinierte Idee nicht ohne Hintergedanken. „In Zürich fahren Hunde, die in Taschen, Körben und anderen geeigneten Behältern mitgenommen werden, gratis." Doch allem Praktischen zum Trotz, wer Sonja Rieser kennt, weiss: Auch der Zeitgeist darf bei ihr nicht zu kurz kommen. Denn gewöhnlich ist nichts bei einer Frau, die den Hundealltag bunter gestalten will und die von sich behauptet, einen Hang zur Extravaganz zu besitzen. Wenn auch immer mit einem Augenzwinkern. Jedenfalls kauft bei petit compagnon, ob im Lädeli oder online, der kosmopolitische City Dog ein, und sein Frauchen sowieso. Übrigens: Hüte und Kindersachen werden weiterhin übers Internet angeboten.

petit compagnon
Sonja Rieser
Neumarkt 1
8001 Zürich
Tel.: 044-2513847
Mail: info@petitcompagnon.ch
www.petitcompagnon.ch

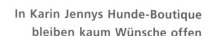

In Karin Jennys Hunde-Boutique bleiben kaum Wünsche offen

Immer im Trend

Es sind einladende Spaziergänge, die Zwei- und Vierbeiner an der Zürcher Goldküste erwarten. Entweder am See entlang oder nur einige Kilometer entfernt im hügeligen Umland macht eine sich in aller Schönheit präsentierende Landschaft Lust, entdeckt zu werden. Auch die 5.000-Einwohner zählende Gemeinde Erlenbach am östlichen Ufer des Zürichsee gelegen, macht da keine Ausnahme. Im Gegenteil: Wer mit offenen Augen durch die Strassen und Wege schlendert, wird vom Zauber des Ortes überwältigt sein. Und wenn nicht das Auge des Betrachters, dann wird spätestens die feine Nase seines wuscheligen Begleiters ihn in die Mariahaldenstrasse 1 führen.

Enthusiasmus und Leidenschaft

Nur wenige Gehminuten von der Küste entfernt, hat an diesem Platz Karin Jenny vor drei Jahren ihre exklusive Hunde-Boutique just4dogs.ch eröffnet. Wobei sich im Fall der grossen Hundeliebhaberin das Exklusive vor allem auf ihr spezielles Angebot bezieht, das einerseits aus Nischenprodukten besteht und für das Wohlergehen des Hundes und dessen Besitzer keine Wünsche offenlässt. Schon beim Öffnen der Tür werden der Enthusiasmus und die Leidenschaft der Geschäftsinhaberin sichtbar, die sich im Inneren der auf Anhieb heimelig wirkenden Boutique bis in die kleinste Nische offenbaren. Passend dazu erwartet den Besucher der Spruch „A home without a dog is just a house" auf einem Schild, der zu Deutsch übersetzt so viel wie „Ein Haus ohne Hund ist kein richtiges Daheim" bedeutet.

Chihuahua Sunny, der quirlige Mitarbeiter

Die im Shabby-Chic-Stil eingerichtete Hunde-Boutique wirkt wie eine gemütliche Wohnstube, in der Hund und Frau (oder auch Herr) sich voll und ganz zu Hause fühlen. Und freilich darf auch jener Part nicht fehlen, der für Karin Jenny den Ausschlag gegeben hat, sich dem Thema Hund in all seinen Facetten zu widmen. Nämlich Sunny, der quirlige Chihuahua, der für sein wanderbegeistertes Frauchen zum treuen Begleiter geworden ist. „Er ist wahrlich mein Sonnenschein und bereichert mein Leben ungemein. Ihm habe ich meine Motivation und Energie zu verdanken, die meine Kundschaft als Resultat in meiner Boutique wiederfindet", erzählt seine aus dem Kanton Glarus stammende Besitzerin.

Sunnys Meinung ist ausschlaggebend. Auf seine besondere Weise ist der kleine, energiegeladene

Karin Jenny mit ihrem Chihuahua-Rüden Sunny

Wirbelwind auch so etwas wie zum wertvollen Geschäftspartner der engagierten Unternehmerin geworden. So ist etwa Sunnys Meinung ausschlaggebend, ob ein Produkt ins Sortiment aufgenommen wird oder nicht. Sunny ist ein Fan des biologischen Futters (zum Beispiel Edenfood oder Orijen), das Karin Jenny führt. „Ich würde nie ein Futter verkaufen, welches ich nicht auch guten Gewissens meinem eigenen Hund füttern würde", betont sie. Nur was der Chihuahua für gut befindet, ist auch für seine Besitzerin gut genug. Denn wer als ein Hund könnte es besser wissen, was einem felligen Artgenossen wohlbekommt. Das unterstreicht die Authentizität und gibt auch ihren Kunden die Gewissheit, in vertrauensvollen Händen zu sein.

Gutes muss nicht teuer sein

Auch wenn die Lage an der als mondän angesehenen Zürcher Goldküste eher auf ein nobles, sehr teures Fachgeschäft schliessen lässt, braucht man im just4dogs.ch keineswegs ein Portemonnaie im XXL-Format, um sich die Hunde-Nahrung, Pflegemittel, Kleidung oder Accessoires leisten zu können. „Ich bin sehr bedacht, dass jeder Kunde auf seine Rechnung kommt", sagt die bodenständige und äusserst sympathisch wirkende Frau.

Die Boutique just4dogs.ch ist ein Paradies für Besitzer von kleinen Hunden

Beratung mit Herzblut

Während Karin Jenny diese Worte ausspricht, beobachtet Sunny voller Neugier, ob im nächsten Moment ein Kunde die Boutique betritt. Das zarte Wesen zeigt sich, wenn ein Besucher hereintritt, aber fürs erste zurückhaltend. „Man will ja schliesslich nicht aufdringlich sein", scheint sich der kleine Kerl zu denken und beobachtet das Ganze lieber etwas aus der Distanz. Doch mit dem Testen der Produkte hat das Hündchen ohnehin seine Arbeit getan. Die Beratung ist dann doch mehr Sache seines Frauchens. Und die steckt ihr ganzes Herzblut rein, zeigt viel Gespür, wenn es darum geht, das Passende für den Vierbeiner zu finden. Das persönliche Gespräch, das Karin Jenny so sehr liebt, ist mit ein Grund, warum – trotz Onlineshop, den sie ebenfalls führt – viele Kunden direkt nach Erlenbach fahren, um in die Boutique zu kommen. Sei es, um Häkelknochen für den Welpen zu holen, Pflegemittel auf pflanzlicher Basis zu erwerben, den Futtervorrat aufzufüllen oder ihren Liebling mit feinen Leckerlis verwöhnen zu können.

Funktional und schick zugleich

Spätestens beim Anblick der adretten Shirts, Kleider, Mäntelchen oder

Kaschmir-Pullöverchen wünscht sich wohl so manches modebewusste Frauchen, selbst zum Hund zu werden. Und in den ultra-weichen Decken, die Karin Jenny von einem kalifornischen Hersteller bezieht, lässt es sich auch als Zweibeiner gut kuscheln. Ganz zu schweigen von den schmucken Taschen, in denen der Kleinhund wunderbar Platz findet. Dass Hundekleidung durchaus schick wirken kann, ist jedoch nur die eine Sache. Vielmehr geht es auch darum, dass der Look seinen Zweck erfüllt. Spezielle Jacken für Langhaar-Hunde sorgen etwa dafür, dass das Fell im Winter durch den Schnee nicht so sehr verklumpt. Eine besondere Eigenschaft weist auch das sogenannte Thundershirt auf. Für 80 Prozent der Hunde hat das Leibchen eine beruhigende Wirkung. Der Grund: Durch seinen Schnitt übt das Shirt einen als angenehm empfundenen, leichten und sanften Druck auf die Brust und den Mittelkörper aus. Das Tier entspannt sich bei Stresssituationen. Positiv wirken sich auch die Achat- und Bernsteine auf den Zustand des Hundes aus. Stress scheint Sunny übrigens nicht zu kennen. Wie denn auch an diesem herrlichen Ort. Und eines weiss der kluge Chihuahua auch genau. Die nächste Futterration kommt bestimmt. Ob er dann wieder testen darf?

Hundeboutique just4dogs
Karin Jenny
Mariahaldenstrasse 1
8703 Erlenbach/ZH
Tel.: 044-9151818
Mail: karin.jenny@just4dogs.ch
Web: www.just4dogs.ch

Werbung

Massgeschneiderte Unikate, handgefertigt in höchster Schweizer Qualität

Eleganz für kleine Hunde

Entweder kniffen sie unter den Achseln, waren zu klein oder zu gross geschnitten, nicht weich genug für das seidige Fell des kleinen Bolonka-Rüden, oft schlecht verarbeitet oder einfach nicht besonders speziell im Design. Kurz, die Gstältli, die Alexandra Streubert bei den diversen Angeboten für Hundebedarf entdeckte, entsprachen nicht den Ansprüchen, die sie für ihren Joschi stellte. Ein gut sitzendes Brustgeschirr schont die Halswirbelsäule, das weiss die Hundefreundin aus Erfahrung, denn der wuschelige Bub ist nicht ihr erster Hund. Wenn das quirlige Kerlchen sein Temperament austobt, kann schon mal schön Zug auf die Leine kommen, was zu einem verspannten Hundenacken führt. Wie schmerzhaft das sein kann, weiss wohl fast jeder aus seinem eigenen Erleben. Das Brustgeschirr kann den

Auswirkungen ruckartiger Bewegungen des Hundes entgegenwirken, wenn es individuell und exakt angepasst ist, da sich der Zug grossflächig verteilt. Zudem sollte das Gstältli natürlich auch von der Optik ansprechend und perfekt verarbeitet sein.

Gstältli nach Mass

Nach dem Motto „selbst ist die Frau" beschloss Alexandra Streubert, Norweger- und Step-In-Geschirre für den Kleinen nach ihren Vorstellungen zu entwerfen und nach Mass nähen zu lassen. Sie recherchierte wochenlang, um geeignete, hochwertige Materialien zu finden, stellte ihre Auswahl zu ausgefallenen Modellen zusammen und beauftragte Schneiderinnen, die ihre Vorgaben handwerklich perfekt umsetzen konnten. Von den Ergebnissen war sie nicht nur überzeugt, sondern richtig begeistert.

Frisch und frech im Design

Da war die Idee, ihre Modelle auch für andere Hunde und Hundebesitzer mit hohen Ansprüchen an Qualität, Komfort und Design anzubieten, nicht mehr weit. Der Online-Shop Joschi's wurde ins Leben gerufen. Unter den Themenbereichen Alltagsfein, Jahreszeiten, Landleben und Luxus Pur findet man hier originelle Modelle, speziell für kleine Hunde, von Hand gefertigt nach den individuellen Massen des kleinen Lieblings. Die Kollektionen sind frisch und frech im Design, elegant und luxuriös im Auftritt, und werden laufend ergänzt. Als Materialien werden wunderschöne Webbänder, Baumwollstoffe, atmungsaktives Airmesh und Softshell sowie edle Metallteile aus poliertem Messing verwendet. Selbstverständlich dürfen hier auch die typischen Traditionsmotive wie das Schweizer Kreuz und der Stoff, aus dem die legendären Edelweisshemden gemacht werden, nicht fehlen. Passende Leinen sind ebenso erhältlich wie eine ganz besondere Neuheit: Schutzengel für Hunde mit kraftspendenden Halbedelsteinen als bereicherndes Accessoire.

Unikate von Hand genäht

Norweger-Geschirre werden rundum - auch am empfindlichen Bäuchlein - abgepolstert, Step-In-Geschirre aufwändig gefüttert und mit passenden Applikationen verziert. Auch eine Bestickung von Hand mit dem Namen des Hundes ist auf Wunsch möglich. Damit wird jedes Modell von „Joschi's" zum einzigartigen Unikat – handmade with love in Switzerland.

Joschi´s Eleganz
Alexandra Streubert
Seestrasse 1
8803 Rüschlikon
Tel.: 079-2556957
Mail: info@joschis-eleganz.com
Web: www.joschis-eleganz.com

Nicole Hollenstein ist Tierfotografin mit Leidenschaft

Momente, die verzaubern

Die Emotion des Augenblickes erstarrt. Fenya, die schwarze Flat Coated Retriever-Hündin, wurde in einem Bruchteil einer Sekunde für die Ewigkeit festgehalten – mit einem Klick. Die Studioaufnahme vor ebenso dunklem Hintergrund zeigt das Tier in voller Eleganz. Die sanftmütigen, rehbraunen Augen verraten ihre Sensibilität. Frauchen Kitty ist begeistert: „Das Foto ist wundervoll. Ich bin tief berührt." Ein Kompliment, das Tierfotografin Nicole Hollenstein besonders freut, weil es mit wenigen Worten die Philosophie der 40-jährigen Schweizerin beschreibt.

Fotografie ist die Sprache der Gefühle

„Für mich ist die Fotografie eine Ausdrucksform der Gefühle, die es vermag, der Seele ein Gesicht zu geben", sagt Nicole Hollenstein, die diese Sprache perfekt beherrscht. „Es liegt an mir, die Besonderheiten und Emotionen des Tieres hervorzubringen." Schnell hat sich herumgesprochen, dass hinter ihren Bildern eine grosse Leidenschaft steckt. Ausgelöst vor neun Jahren von einer ganz besonderen Dame: Beagle-Hündin Joyce. Doch nicht nur der Terminkalender wurde voller, auch immer mehr Werbeagenturen fragten nach Fotos von vierbeinigen Models für ihre Werbekampagnen an. Das war der Startschuss für die Gründung der ersten Schweizer Tiermodelagentur im Jahr 2012. Inzwischen kann Nicole Hollenstein grosse Schweizer Unternehmen wie Nestlé, Interio, Credit Suisse oder Migros zu ihren Kunden zählen.

Künstlerische Kreativität

Ihre Passion gehört der Studiofotografie. „Da kann ich meine künstlerische Kreativität leben." Dabei bevorzugt sie meist einen dunklen Hintergrund, um die volle Konzentration auf das Tier zu richten. Nichts soll ablenken. Dennoch legt die Tierfotografin grossen Wert darauf, trotz unnatürlicher Umgebung die Natürlichkeit des Vierbeiners darzustellen. Guetzlis wirken dabei manchmal Wunder. In ihrem Studio in Wil, Kanton St. Gallen, standen bereits mehr als 3.000 Hunde vor der Kamera. „Sie sind viel schwieriger

Nicole Hollenstein mit ihrer Beagle-Hündin Joyce

abzulichten als Menschen", erzählt sie, „man kann ihnen keine Blickrichtung oder Position vorgeben." Ob ein Shooting gelingt, habe viel mit Vertrauen, Ruhe, Einfühlungsvermögen und dem Händchen für den richtigen Moment zu tun. Dennoch gibt es hin und wieder kleinere oder grössere Pannen. „Zum Beispiel wenn der Hund gerade so guckt wie ich es mir gewünscht habe und genau in diesem Moment der Blitz nicht auslöst." Nicole Hollenstein lacht während sie weiter erzählt: „Oder wenn er eine Sekunde bevor ich auf den Auslöser drücke, auf mich zuspringt, mein Gesicht mit Küssen bedeckt und das grad viel toller findet als vor der Linse zu stehen." Dann nützt es nichts, wenn das tierische Fotomodel Sitz, Platz oder Warten eigentlich aus dem Effeff beherrscht.

Tiermodel- und Tierfotografie Agentur GmbH
Fotostudio:
Hubstrasse 104
9500 Wil
Web: www.dog-shooting.ch
Web: www.tiermodelagentur.ch

Shootingtipps von Tierfotografin Nicole Hollenstein

Wichtig ist, dass der Hund am Tag des Shootings gesund ist. Je nach Fell wäre eine besondere Pflege von Vorteil. Mehr braucht es eigentlich nicht.
Ein Shooting dauert in der Regel ein bis zwei Stunden. Damit das Tier motiviert bleibt, machen wir dazwischen immer wieder kurze Pausen zum Spielen, Kuscheln oder für eine Gassirunde.
Kleiner Trick. Wo der Besitzer ist, schaut auch meistens der Hund hin.

Werbung

Dogdancekurse
Tagesseminare
Gruppenkurse etc.

Moni Baltensperger
Tel. 079 298 94 52
www.baltimore.ch

Werbung

Andys Tierhüüsli
Heimtierfutter und Zubehör

Rautistrasse 75
8048 Zürich, 044 240 33 20
www.andys-th.ch

Gratis-Parkplatz vor dem Laden.

Öffnungszeiten
Di – Fr   09.00 – 13.00h, 14.30 – 18.30h
Sa   09.00 – 13.00h, 14.00 – 16.00h
So / Mo   geschlossen   **Online-Shop** www.andys-th.ch/shop

Werbung

petit compagnon*

Das Fachgeschäft für Hunde
Spezialisiert für Extraanfertigungen und Qualitätsprodukte. Bei uns finden Sie Schlafplätze, Hundebekleidung, Futter, Näpfe, Leinen, Pflegeprodukte und vieles mehr.

petit compagnon Neumarkt 1, 8001 Zürich
044 251 38 47   www.petitcompagnon.ch

Werbung

WWW.DOGPHOTO.CH

Der Fotograf für Ihren Vierbeiner !
Andre Fritschi 076 / 575 52 45
Gränichen AG / 30min von Zürich

Werbung

Grosser SHOWROOM / LADEN

Yvolon Design
handmade by Yvonne Giezendanner

**Hundemäntel, Schlafsäcke, Home & Travelbags,
Snuggles, Halsbänder und vieles mehr ...**

Öffnungszeiten Laden: **Nur auf Termin**,
Montag bis Samstag, Tel: +41 (0) 78 670 00 36

Yvonne Giezendanner • Wehntalerstrasse 64 • CH – 8157 Dielsdorf
Telefon +41 (0) 44 844 60 50 • yvonne@yvolon.ch • www.yvolon.ch

Bei den Hundedesignern Helene und André Gerber dreht sich alles um den guten Geschmack

Vicos Welt ist lustig und bunt

Siebenmal, siebenmal, das ist meine Lieblingszahl. Vico Torrianis Hit ist die heimliche Nationalhymne der Schweizer Hunde. Das liegt nicht etwa am südländischen Charme des Schlager-Stars, den hat sein Namensvetter, seines Zeichens Dackelmix und aus dem andalusischen Spanien stammend, auch. Vielmehr lassen sie sich, im wahrsten Sinne des Wortes, den klingenden Namen auf der Zunge zergehen. Denn Vico, so wie ihn die vierbeinigen Eidgenossen lieben, weiß: Auch der Hund ist, was er isst.

Farbenfroh-freche Schächteli

Vicos Welt ist bunt und lustig. Und knusprig. Das jedoch gleich sieben Mal: Hafercantuccini, Käse-Stengeli, Apfel-Karotte Häufchen, Gemüse-Quark Häppchen, alle vier sind vegetarisch und in Bio-Qualität hergestellt. Aber auch die vierpfotigen Veganer kommen mit den drei Sorten Apfel-Hirse, Biodinkel-Gemüse und Bananencrispy auf ihre Kosten. „Weil es eben nicht wurscht ist, was drin ist", erklären Helene und André Gerber. Es ist aber auch nicht wurscht, was drauf ist. Darum legt vor allem Frauchen, ihres Zeichens Hundedesignerin, großen Wert auf die Verpackung. Farbenfroh-freche Schächteli bringen frischen Wind in die helvetische Fellnasen-Republik.

amuse bouche und Bettmümpfeli

Ob mit amuse bouche in den Tag starten oder mit Bettmümpfeli schlafen gehen – dazwischen bleibt ganz viel Zeit für die eigentlich wichtigen Dinge im Leben eines Hundes. Zum Beispiel sich die Pfoten vertreten, sich an Grashalmen oder Straßenlaternen festsaugen oder Nachbars Büsi durch die Strassen von Binz-Maur jagen. Was für ein Hundeleben. Ob daran vielleicht auch die Zahl Sieben schuld ist?

Lebensmittelqualität

Vico jedenfalls ist der Grund, warum sich Helene und André Gerber vor fünf Jahren entschieden haben, ihr Familienunternehmen unter dem Namen Vicos Welt, die Hundedesigner zu gründen. „Unser Bub war, was das Fertigfutter anbelangt, äusserst empfindlich", erzählen die beiden.

Farbenfroh-freche
Dosen für Fellnasen
mit gutem Geschmack

So wurde die Ernährung bei uns zum grossen Thema und resultierte schliesslich in einer eigenen Hundebäckerei. Um den Magen des kleinen Mischlings nicht weiter zu reizen, wurden die Guetzli in Lebensmittelqualität gebacken. Weil Helene Gerber immer schon einen Sinn für Ästhetik hatte, wollte sie auch bei den Zweibeinern mit ihrem guten Geschmack punkten.

Made in Switzerland

„Unsere Hundeguetzli, sogenannte amuse bouche, sind alle in Lebensmittelqualität und Handarbeit von uns selber hergestellt. Alle unsere Kunden schätzen das sehr, und auch die persönliche Beratung. Vor allem unsere Idee, hübsche Verpackungen zu designen und diese mit Topqualität zu füllen, war unser Ziel. Weil es nicht wurscht ist, was drin ist, das ist unser Credo", erklären die beiden Hundeliebhaber ihre Philosophie. Seither dreht sich Vicos Welt immer schneller. „Da kann es schon mal vorkommen, dass wir eine Woche lang bald Tag und Nacht in der Küche stehen, um mit den Lieferungen nachzukommen", freuen sie sich über ihren Erfolg. Im Arosa Kulm Hotel & Alpin Spa sorgen die Bettmümpfeli bei den vierbeinigen Gästen für süsse Träume, im Zürcher Globus findet sich Vicos Guetzli-Sortiment zwischen Delikatessen und in der ersten Vegi-Metzg' der Schweiz, im Hiltl in Zürich, darf Fleischloses für den Hund nicht fehlen. Und weil Liebe bekanntlich auch bei Hunden durch den Magen geht, lautet das Credo von Helene und André Gerber: ausnahmslos Schweizer Qualität. Das gilt auch für die bevorzugten Pferdefleischguddelis und die Pferdewurst, die neu im Programm sind.

Vicos Welt, die Hundedesigner
Helene und André Gerber
Zelglistrasse 19
8122 Binz-Maur
Tel.: 043-3660030
Mail: info@vicoswelt.ch
Web: www.hundedesigner.ch

Der Hundeladen Bellmidable in Rheinfelden bietet für jeden Hund das passende Accessoire

Nicht-Alltägliches

„Das Hundefutter hat die Dame schon eingepackt. Ihre Geldbörse auch. Doch sie bleibt am Kassentresen stehen und scheint zu warten. Reni Hueter ist irritiert. Für einen Moment. Dann fällt ihr ein, warum die Frau mit ihren beiden kleinen Hunden noch am Tresen steht. „Ich hatte den Gruß an den Hund vergessen", erzählt die Inhaberin des einzigen Hundeladens in der Rheinfelder Altstadt lachend und ermahnt sich selbst: „Das geht gar nicht!" „Der Gruss an den Hund" sind drei kleine Mini-Bones, stilvoll in Zellophan verpackt und mit einer Visitenkarte versehen." Formidabel oder besser gesagt Bellmidable. So heißt das Hundegeschäft in der urigen Altstadt von Rheinfelden. Die historische Kleinstadt an der Deutsch-Schweizer Grenze besticht durch ihre Schönheit. Hierherzukommen rentiert sich auf alle Fälle. Und für Hundebesitzer gehört ein Besuch im Bellmidable natürlich zum Pflichtprogramm. Da sind zum einen die kleine Cafeteria-Ecke mit einem Kaffee-Automat, der herrlich dampfenden und köstlich-aromatisierten Kaffee aufbrüht und zum anderen die vielen Kleinigkeiten, die es sowohl für Vier- als auch für Zweibeiner zu entdecken gibt.

Schmuckstücke für elegante Stadthunde

Wahre Schmuckstücke sind beispielsweise die Kenia-Halsbänder und Leinen. Sie werden in Afrika im Rahmen eines Fair-Trade Projektes produziert. Ethno-Look für alle Felle sozusagen. Für die traditionsbewusste Schweizer Fellnase hat Reni Hueter wiederum Edelweissnäpfe und –bänder im Sortiment. Ein absolutes Highlight ist auch ihre Hundehalsband-Kollektion „Charley" – aus der hauseigenen Bellmidable-Schneiderei. Der elegante Stadthund fühlt sich in den edlen Materialien wie beispielsweise Vicky Karo, Patchoptik im Landhausstil oder den niedlichen Punkte-Stoffen besonders wohl. Der Wendelook ist dabei Markenzeichen und Blickfang gleichermassen.

„Drecksstückchen" - die kultige Fussmatte

Ein bisschen erinnert das exklusive Angebot im Bellmidable an die berühmte Rheinfelder Legende des tapferen Schneiders. Auch Reni Hueter zeigt Mut und befreit die Hunde vom langweiligen 08/15-Einheitshalsband. Es passt zur Einstellung der kreativen Inhaberin. Ihr Motto lautet: „Nicht-Alltägliches für den Alltag." Dass da am Ende eines ausgiebigen Vierbeiner-Shoppingtages noch die Krönung kommt, ist klar. Denn Bellmidable ist bisher der einzige Laden in der Schweiz, der „Drecksstückchen" verkauft. Die kultige Fussmatte

Reni Hueter mit ihrem Larky. Für Kuscheleinheiten ist immer Zeit

steht für kecke Sprüche und eine freche Portion Humor. Mit Botschaften vor der Haustüre wie etwa „Vorsicht Hund (der Katze kann man aber auch nicht trauen)", „Alles für die Katz'" oder „Bitte klopfen, mein Hund ersetzt die Klingel" zeigt man Besuchern, dass es hier ganz schön tierisch zugeht. Es gibt aber auch das Wunsch-Drecksstückchen, das man mit dem ganz persönlichen Lieblingsspruch individualisiert. „Seitdem die Drecksstückchen im Hause sind, gibt es noch mehr Gesprächsstoff über Hunde, Katzen und deren Freunde", sagt Reni Hueter. Da kann man nur sagen: formidabel – äh … bellmidable. Wuff!

Bellmidable
Reni Hueter
Marktgasse 19
4310 Rheinfelden/AG
Tel.: 061-5561900
Mail: info@bellmidable.ch
Web: www.bellmidable.ch

Tipp: Von Zürich aus fährt alle 30 Minuten ein Schnellzug in Richtung Rheinfelden ab.

Bei Wolfsong weiss man, was Hunde wünschen

Der mit dem Wolf heult

Es ist eine Philosophie für sich: das richtige Brustgeschirr. Gut gepolstert und bequem zum Tragen sollte es sein. Strapazierfähig natürlich auch. Und leicht anzuziehen. Alles Attribute, die auf die Führgeschirre von Wolfsong zutreffen. „Als ich 1999 zum ersten Mal ein Tourengeschirr der deutschen Marke sah, war ich gleich begeistert", erinnert sich Max Heiniger. Leider sei weder ein Etikett befestigt gewesen, noch konnte mir die Hundebesitzerin Auskunft über den Hersteller geben. „Schade", dachte sich der Hundetrainer und legte das Thema ad acta.

Zukunftsweisend

Erst durch einen glücklichen Zufall entdeckte der Schweizer ein Jahr später die schönen und strapazierfähigen Brustgeschirre wieder. „Ich hatte gemeinsam mit einer Tierärztin die Interzoo in Nürnberg besucht", erzählt Heiniger. Klar, dass er gleich nachfragte, wo diese Führgeschirre in der Schweiz erhältlich waren. Die Antwort auf seine Frage war zukunftsweisend: „In der Schweiz sind sie überhaupt nicht zu bekommen", wurde erwidert. „Machen Sie doch den Import." Lachend lehnte Heiniger ab. Doch erstens kommt es anders, und zweitens als man denkt. Noch im selben Jahr gründete er das Unternehmen Wolfsong CH. Bis heute sind die extrabequemen Geschirre, die im Brust-, Hals und Schulterbereich mit weichen Fleecefutter unterlegt sind, der Renner.

Einen Wolfsong anstimmen

Natürlich wuchs das Sortiment über die Jahre. Leinen, Sicherheitshundemäntel, Hundetreppen, Clicker, Dummys, ja sogar Holzspielzeug kamen dazu. Die absolute Neuheit sind im Moment jedoch die Wellness Hundebetten und -matten. Hergestellt aus kuschelweichem Niki-Velour, gibt es zudem eine grosse Palette verschiedenster Farben zur Auswahl. Und noch ein Tipp: Regelmässig reinklicken auf www.wolfsong.ch lohnt sich immer. Eine aktuelle Rabattaktion zu übersehen oder einen Messe-Termin mit persönlicher Beratung durch Max Heiniger zu versäumen

In Führgeschirren von Wolfsong machen Hunde immer eine gute Figur

wäre doch zum Heulen. Viel besser wäre es, einen Wolfsong anzustimmen. Ist es doch der 69-Jährige, der mit den Wölfen heult, damit sich die Hunde wohlfühlen.

Wolfsong CH
Max Heiniger
Rütistrasse 81
8636 Wald
Tel.: 055-2464148
Mail: info@wolfsong-ch.ch
Web: www.wolfsong.ch

Bei Pfötli Couture fungiert ein Mops als Chefeinkäufer

Bolle weiss, was Hunde mögen

Bei Pfötli Couture hat Mops Bolle den richtigen Riecher. Der zweijährige Rüde gehört Kathi Zillmann, die in ihrem Online-Shop Pfötli Couture ein exklusives Angebot für Hundebesitzer führt. Bolle hat dabei eine wichtige Rolle inne. Das Knautschgesicht fungiert nämlich als Chefeinkäufer, der alle Produkte auf Herz und Nieren testet. Bolle weiß, was Hunde wollen. Ob klein oder groß, reinrassig oder Promenadenmischung, kurze oder lange Beine – Hund von Welt braucht Praktisches und Schönes für alle Lebenslagen. Und was das betrifft, haben Bolle und seine zahlreichen Hundefreunde durchaus was zu sagen.

```
Bequem und stylisch
```

Und der Mops war es auch, der sie auch beruflich auf den Hund kommen

Bolle prüft alle Produkte bei Pfötli Couture

Chefeinkäufer bei Pfötli Couture: Mops Bolle

liess. Denn als Bolle im Winter einen Mantel brauchte, fand seine Besitzerin nichts Passendes, obwohl sie viele ausprobiert hatte. „Der Gipfel war ein Mantel aus Plastik, in dem Bolle wie ein Roboter herumlief." Ein Lebewesen als Versuchsobjekt der Designer? Das konnte es für Kathi Zillmann wirklich nicht sein und so entschloss sie sich, die Sache selbst in die Hand zu nehmen und einen Online-Shop zu eröffnen, der auch wirklich den Hunden dient. Ihr Anspruch ist es, Produkte zu vertreiben, die bequem aber dennoch stylisch sind, Bewegungsfreiheit bieten und die sich durch ihre Gesundheit und Natürlichkeit auszeichnen. „Sehr viel davon ist handgemacht. Mir ist wichtig, dass in den Produkten eine Seele steckt", beschreibt sie ihre Philosophie. „Wir bieten nichts an, hinter dem wir nicht zu hundert Prozent stehen können." Neben Kleidung führt sie unter anderem noch Leinen, Geschirre, Kissen, Spielzeug und Pflegeprodukte.

Mit ganzem Herzblut dabei

Die Mopsliebhaberin steckt ihr ganzes Herzblut in ihren Shop. Und deshalb ist „Pfötli Couture" auch weit mehr als „nur" ein Online-Geschäft. Das Unternehmen bietet einen Service, der einer Beratung im Laden gleichkommt. So können Kunden telefonisch oder per Mail um Rat bitten und Produkte auch umtauschen, wenn sie nicht passen.

Da wird selbst die Schleppleine zur Zier...

Bei Bedarf kommt Kathi Zillmann aber auch direkt zu Hund und Halter nach Hause. Und das in der ganzen Schweiz. „Ich liebe Hunde über alles und möchte ihnen mit unseren Produkten etwas Gutes tun und ein Stück zurückgeben für das, was sie uns jeden Tag schenken." Persönlich ist es ihr wichtig, dass Hunde sich wohl fühlen, gut trainiert sind und auch geistig und körperlich ausgelastet sind. So wie Bolle, der in seiner Rolle als Chefeinkäufer und Produkttester voll aufgeht. Dabei muss ihn die Mops-Mama manchmal auch einbremsen. Beispielsweise dann, wenn es um neue Leckerlis geht. Mmmhh, allein beim Duft der frischen Guetzli würde der schlaue Kerl am liebsten alles auf der Stelle aufessen. Nur gut, dass da seine Besitzerin den vierbeinigen Gesellen letztlich doch überreden kann, die hochwertigen und leckeren Sachen mit den Pfötli-Couture-Kunden zu teilen. Bei so viel Appetit muss man ja gleich reinschauen in ihren virtuellen Shop.

Sinnvolles Spielzeug bei Pfötli Couture

Home-Service für vier Beine

Das Home-Shopping von Pfötli Couture hat viele Vorteile. Der vierbeinige Liebling kann in Ruhe und ohne Hektik im gewohnten Umfeld ausgewählte Sachen testen und anprobieren. Und auch Herrchen und Frauchen können ohne Stress bestellen. Die Ware wird direkt nach Hause geliefert.

Die Vorteile:
1. Testen und ausprobieren im gewohnten Umfeld. Das erspart den vierbeinigen Liebling Stress.
2. Es bleibt genügend Zeit, das neue Bettchen, Kissen etc. zu testen. Probeschläfchen inklusive.
3. Keine (lange) Anfahrten und Staus.
4. Familienmitglieder und/oder Freunde können beratend zur Seite stehen.

So funktioniert's:
1. Über das Kontaktformular oder direkt via Email Termin vereinbaren.
2. Suchen Sie interessante Produkte selbst aus oder lassen Sie sich das Bestseller-Paket von Pfötli Couture schicken. Hunderasse angeben nicht vergessen!
3. Die Produkte werden in Ruhe zu Hause vorgestellt.
4. Es besteht absolut KEIN Kaufzwang.

Pfötli Couture
Kathi Zillmann
Gümligenweg 31a
3112 Allmendingen
Tel.: 078-6142889
Mail: info@pfoetli-couture.ch
Web: www.pfoetli-couture.ch

**Der Programmierer André Gerber
ist auf den Hund gekommen**

Mittendrin statt nur dabei

André Gerber ist seit 1986 in der Informatik tätig, vom Programmierer bis zur Direktion und Management hat er in jedem Segment gearbeitet. Im Jahre 2002 wagte er den Schritt in die Selbständigkeit und gründete die Firma Swisscode Plus AG, ab diesem Zeitpunkt arbeitete er als Freelancer bei einer renommierten Grossbank als Programmierer/Analytiker und Berater.

Neustart

2011 beschloss er, sich auf etwas völlig Neues einzulassen. Im Alter von 49 Jahren drückte er nochmal die Schulbank und widmete sich einem lang gehegten Wunsch, der 3D-Animation – damit aber noch nicht genug.

Begeisterter Hundeguetzli-Bäcker

Nun war es auch an der Zeit, in das gemeinsame Geschäft einzusteigen, welches von seiner Frau Helene 2010 mit viel Liebe zum Detail gegründet wurde: „Vicos Welt, die Hundedesigner". Vicos Welt ist bekannt für seine bunten Schächteli, die mit den sogenannten amuse bouche, handgemachten Hundeguetzli in allerfeinster Qualität, gefüllt sind. Nun war er also auch noch Hundeguetzli-Bäcker und das mit absoluter Freude, wie er selber sagt. Mittlerweile ist das Unternehmen Vicoswelt, die Hundedesigner in der ganzen Schweiz bekannt. Die Produkte sind eher im höheren Preissegment angesiedelt und so beispielsweise im renommierten Warenhaus Globus zu finden.

Webseiten-Erstellung für Hunde-Profis

André Gerber kam die Idee, seine Fähigkeiten und sein Wissen in der Informatik professionell und preisgünstig auch der Hunde-Branche anzubieten. So erstellt er kommerzielle Webseiten in HTML5 / CMS, auf Wunsch auch in Flash. André Gerber: „So können der Verkauf eines Produktes oder einer Dienstleistung professionell angeboten werden." Nicht selten wird die Rechnung von den Kunden auch mal in kleinen Raten abbezahlt, aber so haben auch die kleinen Unternehmer die Chance, sich mit qualitativ hochwertigen Webseiten auf dem Markt zu präsentieren.

Hund Krümel ist der Star in diesem Werbefilm von André Gerber

Dabei reicht seine Palette vom animierten Logo über medizinische Illustrationen, Architektur, Produkt-Werbung bis zur Charakter-Animation und optimal komprimierten Web-Animation.

```
Werbefilm in 3D
```

Helene und André bilden ein perfektes Paar, nicht nur privat, auch geschäftlich ergänzen sie sich. Sie als Designerin, er als Informatiker und so entsteht Werbefilm für Werbefilm in 3D, jedes Produkt wird zuerst in 3D abgebildet und später in die Tat umgesetzt. André: „Es sind meine besten Jahre!"

Swisscode Plus AG
André Gerber
Web: www.3dmaster.ch
Web: www.swisscodeplus.ch

Wie SECOND HOUND gegen die Wegwerfmentalität kämpft

Verwertung statt Verschwendung

Die heutige Zeit ist nicht nur wahnsinnig schnell geworden, sie ist auch unglaublich verschwenderisch. In der Ära von „Billig - will ich" und „Geiz ist geil" werden nicht nur die Fashion-Trends immer kurzlebiger und die Discounter-Klamotten immer günstiger. Auch der Haustiermarkt ist von billiger Massenware überflutet. Dieses Phänomen – die Flut von minderwertigen Produkten und die menschenunwürdigen Arbeitsbedingungen in den Produktionsländern – waren der Auslöser für die Gründung von SECOND HOUND.

Die Marke steht für Hundezubehör aus hochwertigen Rest- und Gebraucht-Stoffen. Der Name soll einerseits an Second Hand erinnern, SECOND HOUND steht aber auch für „den zweiten Hund", dem durch eine im Preis integrierte Tierschutzspende geholfen wird. Das Berliner Unternehmen mit Freiburger Wurzeln setzt auf Verwertung statt Verschwendung. Aus überflüssig gewordenen Menschensachen entstehen neue Hundesachen. Dazu werden Musterstoffe, Fehlchargen, Verschnitte, aber auch hochwertige Kleidung zu Futterbeuteln, Hundedecken, Hundemänteln und Leinen verarbeitet. Aus dem Atelier von SECOND HOUND kommen nur Unikate und Kleinstserien: Ein bestimmter Stoff oder Kleidungstück stehen eben nur eingeschränkt zur Verfügung.

Upcycling für die Hundewelt

Das Hundezubehör richtet sich an umweltbewusste Hundehalter, die für ihren Vierbeiner individuelle, handgearbeitete Produkte ohne Schnickschnack suchen. Upcycling nennt man das Neudeutsch. Kleine Stoffreste werden damit vor dem Nirvana gerettet. Oder Hundebetten tragen Schaumstoff-Reststücke in sich, die bei der Sitzmöbelproduktion anfallen: Was die Industrie wegen zu großem Verarbeitungs-Aufwand verschmäht, bekommt hier eine zweite Chance.

Hochwertige Stoffreste und ausgesuchte Kleidung bekommen bei SECOND HOUND eine zweite Chance

Das Konzept dahinter ist nachhaltig: Die Produktion einer Jeans verbraucht etwa 8.000 Liter Wasser. Die Weiterverwertung einer Hose als Leine oder die Verarbeitung eines Regenschirms zum Futterbeutel ist somit aktive Umweltpolitik.

SECOND HOUND
Nachhaltiges Hundezubehör
Mobil: 0172-6096004
Mail: info@second-hound.com
www.second-hound.com
Facebook: facebook.com/secondhound

Gott & die Hundewelt
Trauer & Tod

Es ist der schlimmste Moment für jeden Hundebesitzer, wenn man seinen Liebling über die Regenbogenbrücke gehen lassen muss. Ein treuer Freund ist nicht mehr, das Loslassen scheint zum unmöglichen Akt zu werden. Gar nicht daran zu denken, dass der geliebte Vierbeiner nun zu Tiermehl verarbeitet wird. Es ist jedoch Tatsache, dass immer noch 80 Prozent der verstorbenen Haustiere in der Kadaversammelstelle landen. Eine Alternative zeigt der einzige Tierfriedhof der Schweiz auf.

Marlies und Urs Mörgeli betreiben einen einzigartigen Tierfriedhof

Der richtige Platz

Es ist ein Ort der Stille und doch ein Platz, an dem Begegnungen stattfinden. Auch wenn es in der Regel traurige sind. Hier an einem idyllisch gelegenen Fleckchen Erde, das am unteren Hauenstein in Läufelfingen zwischen Olten und Sissach liegt, können Menschen von ihrem treuen Begleiter in Würde Abschied nehmen. Ihm ein letztes Mal das Fell streicheln oder das Ohr berühren, ehe der über alles geliebte Freund würdevoll bestattet wird und jenen Weg geht, den wir irgendwann einmal alle gehen müssen.

Mehr als die letzte Ruhestätte

Der Tierfriedhof am Wisenberg im Kanton Baselland ist aber weit mehr als eine Ruhestätte. Er scheint vielmehr auch Bestimmung zu sein für das Betreiber-Ehepaar Urs und Marlies Mörgeli, die 2001 ihren Yorkshire-Terrier Seppli dort begraben haben. „Ohne ihn würde es den Friedhof nicht geben", blättert Marlies Mörgeli verbal zu den Anfängen zurück. Als ihr kleiner Liebling 1999 erkrankte, machte sie sich Gedanken, was nach seinem Tod einmal sein wird. „Die Vorstellung, dass Seppli in der Kadaverfabrik enden und dort zu Tiermehl zermalmt würde, war für mich einfach unerträglich", spricht sie es mit einem Schaudern aus. Bis heute hat sich daran nichts geändert. „Mehr noch", ergänzt ihr Mann Urs, „denn noch immer landen 80 Prozent der Haustiere in der Kadaversammelstelle."

Idyllische Ruhestätte und Naturparadies

Die Vision, den ersten Tierfriedhof in der Schweiz zu errichten, konnte schliesslich auf dem Gelände einer ehemaligen Gipsfabrik realisiert werden. Und als ob es Seppli geahnt hätte, wartete er mit dem Sterben solange, bis die beiden den einstigen Schandfleck in eine idyllische Ruhestätte umgewandelt hatten. Seppli bekam ein Ehrengrab gleich am Eingang des 15.000 Quadratmeter grossen Areals, in dem mittlerweile rund 1.500 Tiere ihre letzte Ruhe gefunden haben und das einem wahren Naturparadies gleicht. Für die kleine Gemeinde Läufelfingen ist er gar zur Sehenswürdigkeit geworden. Wie sehr die Seele der beiden hier drin steckt, beweist, dass Marlies und Urs Mörgeli damals sogar ihre Werbeagentur verkauften, um Geld für ihr einzigartiges Projekt zu haben.

Der richtige Ort

Doch eigentlich beginnt die Geschichte des Friedhofes in der Kindheit der heute 58-jährigen Frau. Denn aus

Ein Blick über den Tierfriedhof Wisenberg hoch zum Turm, in dem der Abschiedsraum und das Kaffeestübli beheimatet ist. Der Tierfriedhof Wisenberg ist ein Ort der Begegnung.

welchen Gründen auch immer, fühlte sich Marlies zu solchen Orten bereits in jungen Jahren hingezogen. Tod und Trauer machten ihr noch nie etwas aus. Während ihre Eltern am Sonntag in der Kirche sassen, hielt sie sich stattdessen im Gottesacker auf. Sie rechnete aus, wie alt die Toten waren als sie starben oder nahm Blumen von üppig geschmückten Gräbern, um sie dort hinzulegen, wo keine blühten. Wahrscheinlich hat sie deshalb ein besonderes Gespür entwickelt, wo der beste Platz auf „ihrem" Friedhof ist, wenn ein Tier beerdigt wird. Oder vielleicht hat sie – einem irdischen Engel gleich – auch schon immer diese besondere Verbindung zwischen Diesseits und Jenseits in sich getragen. „Ich spüre, wo der richtige Ort ist", sagt die spirituelle Hundetrainerin. Um dann aber auch zu betonen, dass jemand, der sein Tier hierherbringt, sich den Platz aussuchen kann.

Würdevoll Abschied nehmen

Durchschnittlich rund 100 Tiere werden pro Jahr begraben. Vorwiegend Hunde und Katzen, aber auch Vögel, Kaninchen, ein Hängebauchschwein und sogar ein Pony. Das Standardangebot umfasst ein Holztäfelchen, die Erstbepflanzung und die Grabmiete für drei Jahre. Auf Wunsch wird auch die Grabpflege übernommen. Bewusst haben sich die Mörgelis für Holz als Material entschieden, weil dies ebenso vergänglich ist wie das Leben. Denn irgendwann verblasst auch die Erinnerung, öffnet sich das Herz für Neues. Stets mit dem Gewissen verbunden, dass das Vergangene hier eine würdevolle Ruhestätte gefunden hat. Bevor das Tier begraben wird – zu 95 Prozent sind es Erdbestattungen – kann in einem Aufbahrungsraum, der sonst auch als kleines Café oder Begegnungsraum dient, Abschied genommen werden. Danach wird der tote Körper in ein Tuch gehüllt und in einem Korb zum Grab gebracht. Manche wählen auch einen Sarg. Ein grosses religiöses Zeremoniell gibt es nicht. Auch das Aufstellen von Kreuzen wird tunlichst vermieden. Marlies Mörgeli bittet jeden, darauf zu verzichten. Sehr religiöse Menschen könnten daran Anstoss nehmen.

Auch Tierbesitzer können hier ihre letzte Ruhestätte finden

Auch wenn dieser Ort in seiner ganzen Harmonie beeindruckt, finden sich doch auch Gräber darunter, die sich von den anderen abheben. In manchen wird die Persönlichkeit der Tierbesitzer sichtbar. Was wenige wissen: Es sind hier nicht nur Tiere begraben. Auch zehn Menschen haben sich bisher dafür entschieden, ihre letzte Ruhe neben ihren Hunden oder Katzen zu finden. Nach Schweizer Gesetz ist dies erlaubt. „Im Alten Ägypten war dies früher Brauch", sagt Urs Mörgeli. In Europa ist es einzigartig. Extra gekennzeichnet sind diese Plätze nicht. Und es befinden sich auch keine Bilder der Verblichenen am Grab. Vielleicht, weil nach dem Tod ohnehin alle gleich sind? Mit ein Grund ist auch, weil die Mörgelis wollen, dass der Charakter eines Tierfriedhofes erhalten bleibt.

Herzergreifende Begegnungen

Die Geschichten um die besonderen Mensch-Tier-Beziehungen erfährt der Besucher von der Betreiberin persönlich. Immer wieder melden sich Gruppen an, die mit ihr einen Rundgang machen. Auch Schulklassen oder Jugendliche kommen hierher. Marlies erzählt von einem Opernsänger, der seinen über alles geliebten Schäferhund hier beerdigt hat. Sie erinnert sich an eine ergreifende Bestattung. „Er kam mit seiner Frau. Es war dunkel und kalt. Und als ich den Hund ins Grab bettete, stimmte er ein Ave Maria an." Nie wieder konnte er nach dem Verlust seines Hundes auf der Bühne singen. Es brach ihm einfach das Herz. An gebrochenem Herzen scheint auch eine grosse Katzenliebhaberin gestorben zu sein. Sie ist hier begraben. Ihr ganzes Leben sehnte sie sich nach Liebe. „Nun hat sie sie bei ihren Büsis gefunden."

Ein Mahnmal für Jessy

Es sind Begegnungen, die die Innigkeit zwischen Mensch und Tier auf ewig verbinden und die an diesem idyllisch gelegenen Stückchen Erde festgehalten werden. Ein Hauch von Traurigkeit weht an solchen Orten wohl immer. Mussten doch Menschen hier etwas zurücklassen, was ihr Liebstes war. Richtig traurig wird es dann jedoch, wenn Marlies Mörgeli vom Schicksal der jungen Hündin Jessy erzählt. Sie wurde gequält, geschlagen und lebendig ertränkt, in dem man ihr Steine um ihren geschwächten Körper band. Ein Mahnmal erinnert, zu welch grausamen Taten Menschen fähig sind. Denn sie wissen nicht, was sie tun. Für die drei Buben im Alter von neun bis zwölf Jahren mag das so gewesen sein. Sie quälten Frösche zu Tode und mussten dafür im Tierfriedhof Busse tun. Mit beeindruckender Wirkung. Denn der eine grosse Spiritualität ausstrahlenden Frau gelang es, das Vertrauen der Buben zu gewinnen. Sie liess sie unter anderem Briefe an die getöteten Frösche schreiben. Noch heute kommen die drei regelmässig vorbei und helfen ihr. Der Tierfriedhof am Wisenberg – ist ein Ort der Stille, ein Ort der Traurigkeit, ein Ort der Begegnung – aber auch ein Ort der Verwandlung.

Tierfriedhof am Wisenberg und Förderverein pro Tierfriedhof
Postadresse:
Marlies und Urs Mörgeli
Brunngasse 8
4463 Buus
Tierfriedhof am Wisenberg:
Bitzenweg
4448 Läufelfingen
Tel.: 061-8411313
Mail: info@tier-friedhof.ch
Web: www.tier-friedhof.ch

Die Regenbogen-Brücke

„Die meisten Tierfreunde kennen die Geschichte von der Regenbogenbrücke eines unbekannten Autors. Sie erschien in der ersten Ausgabe der Tierfriedhof-News. Weil die Geschichte so schön traurig ist, möchte ich sie wieder abdrucken für alle, die sie noch nicht kennen, aber auch für alle, die sie schon kennen. Sie passt auch zum Thema Tierfriedhof als Kraftort. Ich stelle mir vor, dass es genau auf dieser Seite des Himmels in Läufelfingen diese Regenbogenbrücke gibt", so Urs Mörgeli, der zusammen mit seiner Frau den Tierfriedhof am Wisenberg betreibt.

GENAU auf dieser Seite des Himmels gibt es einen Ort, der Regenbogen-Brücke heisst. Wenn ein Tier stirbt, das jemandem hier besonders nahestand, dann geht dieses Tier zur Regenbogen-Brücke. Da gibt es Wiesen und Hügel für unsere besonderen Freunde, damit sie herumrennen und miteinander spielen können. Da gibt es reichlich Futter, Wasser und Sonnenschein und unsere Freunde haben es warm und gemütlich.

ALLE die Tiere, die krank und alt waren, werden Gesundheit und Kraft wiedererlangen; die, die verletzt und verkrüppelt waren, werden wieder ganz und stark – genauso, wie wir sie in unseren Träumen von vergangenen Zeiten in Erinnerung haben. Die Tiere sind glücklich und zufrieden, ausser einer Kleinigkeit: Sie vermissen jemanden ganz Besonderes, der zurückbleiben musste. Sie alle laufen herum und spielen miteinander, aber der Tag wird kommen, wenn eines plötzlich innehält und in die Ferne schaut. Seine leuchtenden Augen sind voller Entschlossenheit, sein erwartungsvoller Körper zittert. Plötzlich fängt er an, von der Gruppe wegzulaufen, fliegend über das grüne Gras, tragen ihn seine Beine schneller und schneller.

DU bist entdeckt worden, und wenn Du und Dein besonderer Freund sich endlich treffen, werdet Ihr Euch in freudiger Wiedervereinigung aneinander festhalten, um nie wieder getrennt zu werden. Glückliche Küsse regnen auf Dein Gesicht, Deine Hände liebkosen wieder den geliebten Kopf und wieder einmal siehst Du in die vertrauensvollen Augen Deines geliebten Haustieres, so lange abwesend von Deinem Leben, aber niemals abwesend von Deinem Herzen.

DANN überquert Ihr die Regenbogen-Brücke gemeinsam...

Tierische Asche auf Zürcher Friedhöfen

Auch im Tod vereint

Was heute vielfach noch tabuisiert wird, ist in der Stadt Zürich möglich. Kremierte Haustiere können mit einer Urne in bestehende Gräber beigesetzt werden. Kostenpflichtig versteht sich. Ein Beisetzungsanspruch besteht jedoch trotzdem nicht. Laut Bestattungs- und Friedhofsamt haben bisher zwischen zehn und zwölf Personen davon Gebraucht gemacht. Allerdings: Der Name des Hundes oder der Büsi darf auf dem Grabstein nicht genannt werden.

Gemeinsame Bestattung

In früheren Epochen ist die gemeinsame Bestattung von Mensch und Tier ganz selbstverständlich praktiziert worden. Vor rund 12.000 Jahren beispielsweise wurden im heutigen Israel Männer zusammen mit ihren Hunden begraben. Auch auf Zypern fand man ein Katzengrab, das vor 9.500 Jahren angelegt wurde. Die Ägypter bestatteten Tiere rituell. Die Römer liebten ihre Hunde. Sie begruben sie mit Grabbeigaben. Als schriftliches Zeugnis wäre das Gedicht von Martial über die Hündin Issa zu erwähnen. Ebenso wurden auch im frühen Mittelalter Hunde- und Pferdebestattungen vorgenommen. Ein sehr berühmtes Beispiel eines Tiergrabes ist das der Windhunde Friedrichs des Grossen, die in der für ihn selbst vorgesehenen Gruft auf der Schlossterrasse von Sanssouci ihre letzte Ruhe fanden, oder das der Stute Helene, die König Friedrich I. von Württemberg im Freudentaler Wald begraben liess.

Stadt Zürich
Bestattungs- und Friedhofamt
Stadthausquai 17
Stadthaus
8001 Zürich
Tel.: 044-4123178
Web:
www.stadt-zuerich.ch/bestattungsamt

Werbung

Wenn Haustiere von uns gehen …

Ein Erste-Hilfe- und vor allem Selbsthilfe-Buch für alle Haustierbesitzer mit Übungen, Listen, Literaturtipps und vielen Fallbeispielen.

Eva Dempewolf
Abschied nehmen – Trauer um ein geliebtes Tier

Überall im Buchhandel
www.fredundotto.de
ISBN: 978-3-95693-012-6

Infos & Adressen

Die besten Adressen für die Zürcher Hundewelt ...

Züchter, Tierheim & Co

Be-Pet Véronique Hufschmid
Tierheim, Tierbetreuungsplätze
Dipl. Tierpsychologin ATN
/ Tierhomöopathin
Rehweg 1
4334 Sisseln
Tel.: 062-8740725
Mobil: 079-6016751
Mail: hufschmid7@hispeed.ch
Web: www.be-pet.ch

IEMT Schweiz
Institut für Interdisziplinäre Erforschung der Mensch-Tier-Beziehung
Socinstrasse 57
4002 Basel
Web: www.iemt.ch

Stiftung TierRettungsDienst, Leben hat Vorrang
Tierheim Pfötli
Lufingerstrasse 1
8185 Winkel
Tel.: 044-8644400
24-Stunden-Notfallzentrale: 044-2112222
Mail: info@tierrettungsdienst.ch
Web: tierrettungsdienst.ch

Susy Utzinger Stiftung für Tierschutz
Weisslingerstrasse 1
8483 Kollbrunn (ZH)
Tel.: 052-2026969
Mail: info@susyutzinger.ch
Web: www.susyutzinger.ch

Zürcher Hundeverband (ZHV)
Präsident Hans Graf
Hinterbrügglen 1
8627 Grüningen
Mail: info@zhv-zh.ch
Web: www.zhv-zh.ch

Futter & Philosophie

Futterparadies
Adrian Hess
Sonnenwiese 1a
8855 Wangen/SZ
Tel.: 055-4409015
Mail: info@futterparadies.ch
Web: www.futterparadies.ch

GINA & FRITZ® GmbH
Ingrid und Carlota Halver
Industriestrasse 47
6300 Zug
Tel.: 041-4108191
Gratis Beratungsline: 0800-414141
Mail: info@gina-und-fritz.ch
Web: www.gina-und-fritz.ch
Handgemachtes, schweizer Hundefutter, 1. Nassfutter im Glas

Haus Hiltl - vegetarisch seit 1898
Sihlstrasse 28
8001 Zürich
Tel.: 044-2277024
Öffnungszeiten
Montag bis Donnerstag:
6 bis 24 Uhr
Freitag & Samstag:
6 Uhr bis fertig (Clubbetrieb ab 23 Uhr)
Sonn- & Feiertage:
8 Uhr bis fertig (Clubbetrieb ab 23 Uhr)

Hiltl Laden & Vegi-Metzg
St. Annagasse 18
8001 Zürich
Tel.: 044-2277027
Öffnungszeiten
Montag bis Samstag:
9 bis 20 Uhr
Web: www.hiltl.ch

pieper tier-gourmet
Webereistrasse 61
8134 Adliswil / Zürich
Tel.: 076-5511403
Mail: mp@tier-gourmet.ch
Web: www.tier-gourmet.ch
Web: www.tier-gourmet.de
Naturkost für Tiere. Exklusives Zubehör für Hunde und Katzen.

Sniffany & Co.
Tüfweg 3
8044 Gockhausen – Zürich
Tel.: 044-8204333
Mail: info@sniffany.com
Web: www.sniffany.com
*Liebe Hunde Gross und Klein schaut doch mal bei SNIFFANY & CO. rein!
Bei uns nur das Beste für Deinen Vierbeiner! Bis bald ....*

Tiertafel Winterthur
Monika Baltersperger
Tel.: 079-9488969
Web: www.tiertafel-winterthur.ch

Sitz & Platz

Ausgeglichener Hund
4313 Möhlin
Tel.: 076-3670018
Mail: info@ausgeglichenerhund.ch
Web: www.ausgeglichenerhund.ch
Bei mir werden Sie und Ihr Liebling individuell, professionell und mit viel Leidenschaft geschult.

Doglife- ein Hundeleben lang
Martina Schmölz
Rohrstrasse 13
5606 Dintikon / AG
Tel.: 079-5030431
Mail: info@doglife.ch
Web: www.doglife.ch
Doglife ist eine Lebens-Schule. Wir bieten eine allumfassende Ausbildung vom Junghund bis zum Senior - ein Hundeleben lang.

Hunde-Plausch-Uni
Katrin Wenger
Plattenstrasse 92
8032 Zürich
Tel.: 079-2443986
Mail: katrin_wenger@bluewin.ch

Hundeführschule
Max und Siw Heiniger
Rütistrasse 81
8636 Wald
Tel.: 055-2464148
Mail: info@hundefuehrschule.ch
Web: www.hundefuehrschule.ch

Hundeschule WHO LET THE DOGS OUT?
Martina Mädler
Bäulistrasse 45
8049 Zürich
Tel.: 079-4028376
Mail: martina@wholetthedogsout.ch
Web: www.wholetthedogsout.ch

NPC Hundesport Zürich
Barbara Eglin
Finsterrütistrasse 21
8134 Adliswil
Tel.: 079-8213152
Web: www.npc-hundesport-zuerich.ch

Gassi & Co.

Angelas Hundesitting
Angela Zollinger
Pfäffikonerstraße 87
8835 Feusisberg
Mobil.: 078-7226484
Mail: info@angelas-hundesitting.ch
Web: www.angelas-hundesitting.ch
Angela Zollinger bietet nach eingehender und intensiver Schulung (Zertifikat) Hundesitting mit Leidenschaft zum Tier an.

Baltimore's Dogdance
Moni Baltensperger
Tel.: 079-2989 52
Mail: moni.baltensperger@hispeed.ch
Web: www.baltimore.ch

Be-Pet Tierheim und Tierbetreuung
Véronique Hufschmid
Rehweg 1
4334 Sisseln
Tel.: 062-8740725
Mobil: 079-6016751
Mail: hufschmid7@hispeed.ch
Web: www.be-pet.ch

CiGBOX / Huko-Tasche
Postfach 20
8442 Hettlingen
Tel.: 052-3011650
Mail: info@cig-box.ch
Web: www.cig-box.ch
Web: www.huko-tasche.ch

Gesetz & Ordnung / Politik & Soziales

Anoplophora Spürhunde Schweiz
Daniel Hagemeier
Tel.: 079-2270777
Mail: info@anoplophora-spuerhunde.ch
Web: www.anoplophora-spuerhunde.ch

Gassentierarzt
Sozialwerke Pfarrer Sieber SWS
Mirjam Spring
Hohlstrasse 192
8004 Zürich
Tel.: 079-8874799
Web: www.swsieber.ch/bereiche/gassentierarzt

Kantonspolizei Zürich
Diensthundezentrum
Jean Vollenweider
Untere Geerenstrasse
8600 Dübendorf/ZH
Tel.: 044-8022141

Prevent a bite
Rita Eppler
Bettwilerstrasse 21
8344 Bäretswil
Tel.: 044-9392807
Mobil: 079-7692746
Mail: info@hundebisspraevention.ch
Web: www.hundebisspraevention.ch

Stiftung für das Tier im Recht (TIR)
Rigistrasse 9
8006 Zürich
Tel: 043-4430643
Mail: info@tierimrecht.org
Web: www.tierimrecht.org

Stiftung Ostschweizerische Blindenführhundeschule (OBS)
Seestrasse 25
9403 Goldach
Tel.: 071-8411116
Fax: 071-8410903
Mail: info@o-b-s.ch
Web: www.o-b-s.ch
Die OBS leistet durch die Ausbildung von Blindenführhunden einen grossen Beitrag für die Alltagsbewältigung blinder- und sehbehinderter Menschen.

Verein Assistenzhundezentrum Schweiz
Sandra Lindenmann
Brünneliweg 12
5724 Dürrenäsch
Tel: 079-3717240
Mail: assistenzhunde@bluewin.ch
Web: www.assistenzhundezentrum.ch

Versicherung & Schutz

Stiftung für das Tier im Recht
Rigistrasse 9
8006 Zürich
Tel.: 043-4430643
Mail: info@tierimrecht.org
Web: www.tierimrecht.org

Wau Miau Versicherung
IFG Consulting GmbH
Tanner Saner
Säntisstrasse 2a
9500 Wil SG
Tel.: 071-9144300
Mail: office@ifg-consulting.ch
Web: www.ifg-consulting.ch

Gesundheit & Wellness

Abteilung Radio-Onkologie
Vetsuisse-Fakultät Universität Zürich
Winterthurerstrasse 260
8057 Zürich
Tel.: 044-6358324
Mail: onkologie@vetclinics.uzh.ch
Web: www.tierspital.uzh.ch

Arkanum vitae – Haus der Naturheilkunde
Sandra Fust
Hauptstrasse 29
9555 Tobel TG
Tel.: 071-9773483
Mail: info@arkanum-vitae.ch
Web: www.arkanum-vitae.ch
Ob präventiv oder als Unterstützung bei akuten und chronischen Beschwerden, wir bieten die Möglichkeiten der Komplementär Medizin. Gesundheitszentrum für Menschen, Tiertherapiezentrum, Seminarzentrum für Aus- und Weiterbildung, Tierkompetenzzentrum, Gesundheitsshop und eine Hundeschule vereint unter einem Dach.

Cliff's Coat Care
Jutta Baumann
Vertrieb: Vitaconcept AG
Fliegaufstrasse 13
8280 Kreuzlingen
Tel.: 071-6772000
Mail: info@cliffs-coatcare.ch
Web: www.cliffs-coatcare.ch
Cliffs Coat Care ist für alle Hunderassen. Ergänzungsfuttermittel zur Stärkung der Regelkreisläufe von Haut und Haar.

Gangwerk
Katharina Mattioli
Zythüslistrasse 1
8165 Schleinikon
Tel.: 079-2078269
Mail: k.mattioli@gangwerk.ch
Web: www.gangwerk.ch
Gangwerk arbeitet hauptsächlich in den Bereichen Gangbild, Analyse, Aufbau, Fitness, Prävention.

Hundephysio Pudelwohl
Siw Heiniger
Lochrütistrasse 8
8633 Wolfhausen
Tel.: 079-6411894
Mail: physio@pudelwohl.org
www.pudelwohl.org
Mehr Beweglichkeit der Gelenke und Muskeln bedeutet immer eine hohe Lebensqualität für den Hund.

Hundesalon Dolly
Jacqueline Meier
Grüngasse 5
8004 Zürich
Tel.: 044-2419118
Mail: jackydog@bluewin.ch
Web: www.hundesalon-dolly.ch

Kynofit AG – Hydro- und Schwimmtherapie
Daniel Rickenbacher
Rikonerstrasse 22
8307 Effretikon
Tel.: 052-3438767
Mail: contact@kynofit.ch
Web: www.kynofit.ch
Web: www.kynohelp.ch

Sanyata AG
Lochstrasse 19
8268 Salenstein
Tel.: 071-6600011
Mail: kuehl@sanyata.ch
Web: www.sanyata-medicals.com

Tierspital Zürich
Winterthurerstrasse 260
8057 Zürich
Tel.: 044-6358112
24-Stunden-Notfalldienst: 044-6358111
Web: www.tierspital.uzh.ch

Shopping & Lifestyle
/ Leben & Arbeiten

Andys Tierhüüsli
André Lubacher
Rautistraße 75
8048 Zürich
Tel.: 044-2403320
Mail: mail@andys-th.ch
Web: www.andys-th.ch

Bellmidable
Marktgasse 19
4310 Rheinfelden/AG
Tel.: 061-5561900
Mail: info@bellmidable.ch
Web: www.bellmidable.ch
Was das Menschenherz erfreut und dem Hund oder der Katze mehr Komfort bietet, das führt bellmidable in Rheinfelden.

Doggstar.ch
Wylenstrasse 6
6440 Brunnen / KT Schwyz
Tel.: 0041-798180505
Mail: info@doggstar.ch
Web: www.doggstar.de
Professionelle Fotos im Hundefotostudio. Zentral und gut erreichbar. Ich freue mich auf Ihren Besuch.

Für kleine Pfoten
Aümuli 28
8143 Stallikon
Tel.: 079-5606403
Mail: fuerkleinepfoten@gmail.com
Web: www.fuerkleinepfoten.ch
Hundeartikel für kleine Pfoten.

Hundeboutique just4dogs.ch
Mariahaldenstrasse 1
8703 Erlenbach/ZH
Tel.: 044-9151818
Mail: karin.jenny@just4dogs.ch
Web: www.just4dogs.ch
In der just4dogs.ch Boutique erwartet Sie eine reiche Auswahl an hochwertigen Produkten internationaler Hersteller.

Jackys Shop
Zwingenstrasse 73
4225 Brislach
Tel.: 079-4545145
Mail: info@jackys-shop.ch
Web: www.jackys-shop.ch
Qualitätshundeboxen und Hundezubehör, Sonderbauten, Komplettausbauten individuell für jeden Fahrzeugtyp.

Joschi's Eleganz
Alexandra Streubert
Seestrasse 1
8803 Rüschlikon
Tel.: 079-2556957
Mail: info@joschis-eleganz.ch
Web: www.joschis-eleganz.com
Der Web-Shop bietet Hundegstältli nach Mass, liebevoll von Hand gefertigt in bester Schweizer Qualität.

petit compagnon
Neumarkt 1
8001 Zürich
Tel.: 044-2513847
Mail: info@petitcompagnon.ch
www.petitcompagnon.ch

Pfötli Couture – Online Shop
Kathi Zillmann
Tel.: 078-6142889
Mail: info@pfoetli-couture.ch
Web: www.pfoetli-couture.ch
Pfötli Couture ist ein exklusiver Online Shop für Hundebedarf und Hundezubehör.

Tiermodel- und Tierfotografie Agentur GmbH
Nicole Hollenstein
Fotostudio:
Hubstrasse 104
9500 Wil
www.dog-shooting.ch
Erinnerungen für's Leben - unbezahlbare Momente - Augenblicke die das Herz berühren.

Vicos Welt, die Hundedesigner
Helene und André Gerber
Zelglistrasse 19
8122 Binz-Maur
Tel.: 043-3660030
Mail: info@vicoswelt.ch
Web: www.hundedesigner.ch
Farbenfroh-freche Schächteli mit leckerem Inhalt bringen frischen Wind in die helvetische Fellnasen-Republik.

windhunde-shop.de
8512 Thundorf (bei Frauenfeld)
Tel.: 052-3833583
Mail: windhunde.shop@gmail.com
Web: www.windhunde-shop.ch
Exklusiver Shop für Windhunde und Chihuahua's. Nähe z. B. Halsbänder und Mäntel nach Mass, auch andere Rassen.

Wolfsong CH
Max Heiniger
Rütistrasse 81
8636 Wald
Tel.: 055-2464148
Mail: info@wolfsong-ch.ch
Web: www.wolfsong.ch
Web: www.wolfsong-shop.ch
Hunde fühlen sich in Wolfsong Führgeschirren pudelwohl.

Yvolon Design
Yvonne Giezendanner
Wehntalerstraße 64
8157 Dielsdorf
Tel.: 078-6700036
Mail: yvonne@yvolon.ch
Web: www.yvolon.ch
Hundemäntel, Schlafsäcke, Halsbänder – hergestellt in der Schweiz - entworfen und von Hand angefertigt durch Yvolon Design.

Swisscode Plus AG
André Gerber
Zelglistrasse 19
8122 Binz-Maur
Web: www.swisscodeplus.ch
https://www.facebook.com/swisscodeplus
3D-Animationen schaffen mit realitätsnahen oder abstrahierten Bildwelten bleibende Eindrücke und faszinieren das Publikum.

Gott & die Hundewelt / Trauer & Tod

Stadt Zürich
Bestattungs- und Friedhofamt
Stadthausquai 17
Stadthaus
8001 Zürich
Tel.: 044-4123178
Web: www.stadt-zuerich.ch/bestattungsamt

Tierfriedhof am Wisenberg und Förderverein pro Tierfriedhof
Marlies und Urs Mörgeli
Bitzenweg
4448 Läufelfingen
Tel.: 061-8411313
Mail: info@tier-friedhof.ch
Web: www.tier-friedhof.ch
In Läufelfingen, zwischen Olten und Sissach, befindet sich auf 15.000 m² der einzige Tierfriedhof dieser Art in der Schweiz.